이 사람을 보라

간행사

여기 사람이 있습니다. 이 사람은 평생을 게으르지 않고 열심히 살았습니다. 게으르지 않고 열심히 사는 삶은 위대한 깨달음의 세계에 이른 붓다께서 남긴 마지막 말씀과 똑같습니다. 수행자가 아닌 누구라도 마찬가지입니다. 이렇게 사는 게 인간 삶의 바른 길입니다.

이 사람은 온갖 어려움과 힘든 세월을 견디고 돌파하면서 자기 분야의 최고가 되었습니다. 스스로는 물론 이웃을 위해 열심히 살았고 먼 후대의 사람들을 위해서도 보람된 삶을 살았으니, 성자와 현인과 대보살을 어찌 다른 곳에서 찾겠습니까.

이 사람이 혼신의 힘을 다해 살아가는 동안 우리는 조금씩 발전했지만 이 사람이 가고 난 뒤에 우리는 훨씬 더 먼 길을 걸어갈 수 있게 되었습니다. 모두가 이 사람 덕분입니다. 그 고귀한 삶을 기록하고 정리해 나가는 일은 우리 후학들의 자랑이요 의무이기도 합니다.

이 사람은 한 사람이 아닙니다. 한 사람 한 사람이 모여 우리가 되었으니 우리 모두가 이 사람입니다. 이 사람의 정신과 이 사람의 행동과 이 사람의 피와 눈물이 우리들 모두가 되었습니다. 그래서 이 사람은 역사 속에서 기억되는 존재가 아니라 지금 이 순간 우리와 함께 살아가는 영원의 길벗입니다. 우리는 이 사람을 통해서 순간이 영원이 되는 삶을 살아갑니다.

기릴 만한 선배가 있는 사회는 아름답고 건강합니다. 칭찬하고 격려하고 본받고 기리는 일이 어찌 지혜롭고 건강한 사회의 본분사가 아니겠습니까. 열 가지의 나쁜 일은 가려서 하지 않고 열 가지의 좋은 일만 골라서 한다면 역사상의 어떤 태평성대보다 좋은 세상이 될 것입니다.

이 책은 좋은 마음과 착한 행동을 위한 우리 사회의 길잡이가 되고자 합니다. 한 사람 한 사람의 걸어간 발자국이 우리를 감화시켜서 보다 나은 세상으로 나아가는 데 도움이 될 수 있기를 바랍니다.

2022년 4월
동국대학교 총장 윤성이
동국대학교 총동창회장 박대신

중앙학림에서 불교학과 신학문을 배우며
승려이자 식민지 청년으로서
사회에서 필요로 하는 일과
자신이 할 수 있는 일이
무엇인지에 대해서 진지하게 고민하며
민족정신과 독립의지를 키웠고,
근대 지성인으로 성장했다.

만해를 도와
『유심』발간에 참여하며
근대 불교학 연구와
민족사상 고취 그리고
사회 참여 등
대중불교운동과
민족운동의 길로
들어서게 된다.

근대 서양철학을 공부하며
불교의 본질에 대해 깊이 연구한 그는
포교와 대중계몽운동을 병행하며
불교학 발전에 기여하는 등
우리나라 학계에 새로운 분야를
개척하게 된다.

"모든 사람은 평등하며, 존엄한 인격체이므로 인간 존엄성이 박탈되어서는 안된다. 한국은 유사 이래 독립국이었으며, 고유한 문화를 가진 나라이다."

이 사람을 보라

나비야 청산가자,
김법린

김진섭 지음

동국대학교 출판문화원

목차

	프롤로그	18
1장	30세 청년의 귀국을 주목하다	
	귀국을 권유받다	22
	격변기에 태어나 성장하다	26
	일찍 철이 들다	30
	본격적으로 근대식 학문을 접하다	35
	평생 동지들을 만나다	40
2장	경성에서 다시 상해로	
	경성으로 유학하다	46
	계동 43번지에 청년들이 모이다	51
	만세운동에 참여한 후 범어사로 향하다	57
	기록으로 남기다	62
	독립운동의 심장부로 가다	69
	국경을 넘나들다	76

3장	파리에서 새로운 도전을 하다	
	미국 유학을 결심하다	82
	영국 화물선에 몸을 싣다	87
	파리대학에서 철학을 전공하다	92
	대학생활에 적응하다	96
	3년 만에 졸업하다	100
4장	국제무대에 서다	
	세계 피압박민족대회에 참가하다	104
	독립의 당위성을 세계에 알리다	107
	한국을 대표해서 연설하다	112
	일제의 만행을 엄중 경고하다	116
	귀국을 결심하다	120
5장	학문 연구와 실천을 병행하다	
	근대 지성을 일깨우다	126
	불교 혁신을 핵심 과제로 삼다	130
	동지들이 다시 모이다	133
	불교 대중화의 실천에 나서다	138
	일상의 불교를 위하여	140

6장	새로운 대안을 모색하다	
	만당卍黨을 창당하다	146
	조직이 확대되다	150
	위기가 찾아오다	154
	다솔사로 낙향하다	157
	사랑방이자 공론장이 되다	161
7장	때를 기다리며 교육에 힘쓰다	
	때를 기다리며 교육에 힘쓰다	166
	우리말과 글에 관심을 기울이다	170
	다시 범어사로 돌아오다	174
	조선어학회 사건에 연루되다	179
8장	다시 투옥되어 모진 고문을 당하다	
	우리말 사전 편찬에 참여하다	186
	전국에서 검거 선풍이 일어나다	191
	혹독한 고문이 계속되다	195
	사망자까지 발생하다	199
	밥 먹는 것도 독립운동이냐!	203

9장	범어사에서 광복을 맞다	
	서울로 상경하다	208
	선구적인 시도를 하다	212
	산적한 현안 해결에 나서다	216
	관선 입법의원에 선임되다	220
10장	책임정치를 실천하다	
	'전시문교·건국문교·독립문교'를 내세우다	226
	전쟁 후 문교정책 수립에 고심하다	230
	한글 파동으로 수난을 겪다	234
	사직서를 제출하다	238
	책임 정치를 실천하다	243
	과학기술 분야의 문익점이 되라!	247
11장	마지막 열정을 불태우다	
	정계에서 물러나다	254
	동국대학교 총장에 취임하다	258
	마지막 열정을 불태우다	262
	변화로 입증하다	266
	진리의 정복자가 되라	270
	저자 후기	273
	부록	277

프롤로그

김법린의 삶을 들여다보면 '항상 흐트러짐이 없는 반듯한 모습' '실수를 찾아볼 수 없는 침착한 모습' '농담이라고는 전혀 할 줄 모르는 사람' 등이 연상된다. '어려운 환경 속에서도 이를 잘 극복하고 끝내 자신의 신념을 세상에 펼쳤다'는 이야기의 주인공, 즉 전형적(?)인 위인전 주인공 같다고 할까…. 하지만 좀 더 구체적으로 살펴보면 그의 삶을 통해 우리 근현대사를 이해할 수 있다.

    그는 생전에 자신의 개인적인 이야기를 거의 남겨 놓지 않았지만, 3.1운동부터 일제강점기와 광복 후 건국의 기틀을 잡는 과정 곳곳에서 그의 이름을 발견할 수 있다. 우리 근현대사는 모든 것의 변화를 요구하는 대격변기였고, 동시에 일제의 식민 지배를 받았던 일제강점기로 일상 자체가 왜곡과 통제로 일관되는 등 혼돈과 위기가 연속되던 시기였다. 그리고 광복 후에는 한번도 경험하지 못했던 '건국'이라는 과제를 수행해야 했다.

때문에 이 시기를 살았던 사람들은 숱한 고민과 갈등이 이어졌고, 이 과정에서 세상을 등지기도 하고, 적당히 타협하거나 혹은 얄팍한 시류時流에 오염되기도 했다. 반면 부조리한 현실을 극복하기 위해 매 시기마다 선택과 실천으로 살아간 사람들도 있었고, 김법린도 그중 한 사람이었다. 그는 다양한 분야에서 활동한 이력을 지니게 되지만 매 시기마다 필요한 일과 자신이 할 수 있는 일을 찾아 실천에 옮겼다. 그리고 이러한 그의 삶을 관통하는 것은 근대화와 민족의 독립 그리고 든든한 국가를 만드는 일이었다.

그는 꿈만 좇는 몽상가나 오로지 자신의 신념에만 의지한 이상주의자가 아니었다. 그의 고민과 선택은 늘 현실에 기반하고 있었다. 그리고 혼자 고민하고 행동하지 않았고, 항상 주변의 사람들과 함께 논의하고 실천에 옮겼다. 때문에 그의 삶에는 그가 살았던 시대상이 담겨 있고, 다양한 사고와 철학을 가진 많은 사람들이 등장한다. 그런 점에서 그의 삶은 근대화와 식민지 시기 그리고 격동의 현대 시기에 '어떻게 살아야 했는지'를 잘 보여주고 있다. 모쪼록 김법린을 통해 근현대사를 되돌아보는 기회가 되었으면 한다.

2022년 2월

김진섭

1장

30세 청년의
귀국을
주목하다

귀국을 권유받다

1928년 1월 15일, 30세 청년이 귀국하여 경성에 도착했다. 다음 날 〈동아일보〉는 '프랑스로 건너가 파리대학을 우수한 성적으로 졸업하고 금의환향 한다.'고 보도했고, 〈조선일보〉는 '조선의 천재 청년… 그의 이름을 모르는 사람은 드물다.'며 이미 유명인사가 된 청년의 귀국을 주목했다. 같은 해 3월 30일에는 '유럽에서 공부하고 귀국한 4명의 귀국 환영회를 성황리에 마쳤다.'며 유럽 유학생들의 귀국 환영회 소식과 함께 '많은 사람들이 참석해 청년의 귀국을 환영했다.'고 보도했다.

　이 시기는 외국 유학생이 드물었고, 특히 유럽에서 공부하여 대학을 졸업한 경우는 대단히 희귀했다. 따라서 사람들의 주목과 기대를 받기에 충분했지만, 청년에 대한 관심은 특별했다. 더구나 불교계에서는 이미 1년 전부터 청년에게 귀국을 간곡하게 요청했고, 1927년 3월 경성 각황사覺皇寺에서 개최된 재단법인 교무원 평의원 총회에서는 프랑스 파리대학에서 고학苦學으로 문학사 학위를 받은 범어사 학생의 귀국 여비를 보조하기로 발의한다. 이어 '각 본산 주지는 평균 10원씩 준비하여 300원을 기부하되 그 지불을 교무원의 예비비에서 지출한다.'라고 결정하며 청년의 귀국 여비를 종단 예산에서 먼저 지출했다. 그리고 김상호金尙昊(1893~1945)는 전국 사찰을 돌며 청년의 귀국 여비를 모금했다.

경남 양산 출신으로 범어사에서 출가한 승려 김상호는 범어사 명정학교와 중앙학림에서 청년과 함께 공부한 동지였다. 당시 김상호는 청년에게 '불교계를 위해 일해 달라.'는 편지와 함께 모금한 돈 6,000원을 동봉해서 보냈다는 이야기도 전한다. 1920년대 후반 경성방직 여공의 한 달 임금이 21원이었고, 1933년 4월 소 한 마리 값이 72원 정도였다는 사실을 감안하면 상당한 거금인 만큼 청년의 귀국에 대한 불교계의 관심과 기대를 짐작하기에 충분하다.

청년의 귀국은 불교계의 간곡한 권유와 기대도 있었지만, 당시 불교계의 현실도 영향을 미쳤다. 이 무렵 한국불교는 전근대적인 관습에서 벗어나 근대라는 대격변기에 대응할 수 있는 개혁이 요구되었고, 동시에 일제의 식민 지배로 일본불교가 뿌리 내리고 있었기 때문이다.

조선시대의 억불정책으로 500여년 간 탄압 받았던 불교는 대한제국 시기에 일본이 불교를 앞세워 침략 의도를 구체화하는 과정에서 차츰 영향력이 커졌다. 4대문 안에 사찰을 창건하는 불교계의 숙원 사업과 조선시대에 금지되었던 승려의 도성都城 출입이 허용된 것도 그 예였다. 그러나 불교계의 변화에는 일본불교를 한국에 침투시켜 한국불교의 전통을 혼란시키고, 위상의 하락을 통해 식민 통치에 순응하게 만들기 위한 일제의 의도도 영향을 미쳤다. 이러한 분위기에서 불교계가 공식 논의를 통해 청년의 귀국을 지원하기로 결의한 것은 특별한 의미가 있었고, 청년 역시 이러한 현실을 외면하지 않았던 것이다.

청년의 이름 김법린金法麟. 고국을 떠난 지 8년 만의 귀국이었다. 이후 그는 많은 제약 속에서도 적극으로 활동했고, 4년 후인 1932년 3월〈삼천리〉'차대次代 지도자 총관總觀'에서는 불교청년동맹 결성에 주목하면서 위원장 김상호와 함께 김법린을 미래의 지도자로 선정했다. 불교청년동맹은 '불교를 통한 민족의식 각성과 조국광복 실현'이라는 만해 한용운의 지도 아래 결성된 조선불교청년회를 모체로 조직을 개편한 불교계 청년 단체였다. 또 이듬해 1933년 1월 〈삼천리〉 '조선사상가총관朝鮮思想家總觀'에서는 김법린의 학력과 경력 등을 소개하면서 다시 한 번 차세대 지도자로 주목했다.

이후 서양철학과 동양철학을 겸비한 학자로 교육을 통한 인재 육성과 불교혁신운동에 적극 참여한 김법린은 일제강점기 교육 계몽과 사회 참여를 실천에 옮긴 20세기 한국불교를 대표하는 승려이자 민족의 독립을 위해 헌신한 독립운동가로, 그리고 광복 후에는 행정가·정치가·교육자·민간 외교가 등 다양한 분야에서 활동한 근·현대 지성인으로 평가 받았다.

격변기에
태어나
성장하다

김법린은 다양한 분야에서 활동했지만, 그의 삶에는 몇 가지 원칙이 발견된다. 첫째는 조국의 독립을 위한 인재 육성이었고 둘째는 불교 혁신을 통한 불교의 근대화였다. 그리고 셋째는 의식 계몽을 통한 깨어있는 국민국가의 건설이었다. 이러한 삶의 원칙은 그가 태어나 성장한 시기와도 연관이 있었다.

 김법린이 태어나 성장한 시기는 개항 이후 서구의 근대화 물결이 밀려들어와 서구 문물을 올바로 인식할 여유조차 갖지 못한 채 불안으로 이어졌고, 나라 안이 외세의 각축장이 되어버린 가운데 일제의 침략 야욕이 노골화 되면서 혼돈과 궁핍 속으로 빠져들 때였다.

 1899년 8월 23일 아버지 김정택과 어머니 김악이 사이에서 1남 1녀 중 장남으로 태어난 김법린은 사육신의 한 사람이었던 김녕김씨金寧金氏 충의공 김문기의 17세손으로, 그의 집안은 자부심이 대단히 컸다. 집안은 대대로 부유했고, 유교적 분위기가 강했던 것으로 전한다. 그러나 집안 살림을 돌보지 않고 밖으로만 나돌았던 아버지 대에 가세가 기울어 김법린은 어린 시절을 어렵게 보냈다.

경북 영천군 신녕면 치산리에서 태어난 김법린은 어린 시절 신녕면 완전리로 이사해 유년시절을 보낸 것으로 전한다. 그러나 그는 개인적인 이야기를 남기지 않아 성장기와 관련해 알려진 내용이 거의 없다. 다만 그의 고향 영천은 '물도 흐르고, 역사도 흐르고, 사람도 흐른다'라는 말이 있을 정도로 수려한 자연 경관을 자랑하며 많은 인재를 배출했고, 역사적으로 유서 깊은 지역이었다.

특히 그가 태어난 치산리는 마을 주위의 지형이 마치 '꿩이 쪼그리고 앉아 있는 형상과 같다.'고 해서 '치산雉山'이라 했고, 치산폭포는 팔공산에 산재해 있는 폭포 가운데 가장 낙차가 크고 낙수율이 풍부하기로 유명하다.

영천 지역은 임진왜란 때 의병을 크게 일으켜 치열하게 전투를 벌이며 큰 공을 세워 '영남 의병의 메카'로 불린다. 특히 김법린의 고향 신녕 출신 의병장 권응수權應銖(1546~1608) 장군이 활약한 영천성 전투는 왜군이 약탈을 일삼으며 주둔하고 있던 성을 공격하여 경주로 후퇴시키고, 영천성을 수복하여 임진왜란에서 '지상전 최초의 승리'로 평가받는다. 숙종 2년(1676)에는 그의 공을 기려 영천 신령면에 귀천서원龜川書院도 세워졌다.

구한말에는 일제가 국권을 찬탈하자 사찰을 거점으로 적극적으로 항일운동을 이끌었다. 특히 1905년 을사늑약 이후 반일 감정이 극에 이르며 전국적으로 의병이 봉기하자 영천 지역에서 영남 지역을 대표하는 대규모 의병 조직이 봉기했다. 일반인들에게는 잘 알려져 있지 않지만, 산남의진山南義陣은 대표적 예였다. 여기서 산남은 고려시대 이후 영남 지역을 지칭하는 다른 말로, 영남 의병들이 영천군 자양면 충효재에 모여 거병한 것을 말한다.

산남의진은 다른 지역 의병 조직과 달리 영남 지방 도처에서 나라를 구하기 위해 모여든 의병 연합체로, 여러 명의 의병장들이 유격전을 펼쳐 우월한 무기를 갖추고도 일본군이 두려움에 떨 정도로 위력을 발휘했다. 그리고 인근 지역의 평민 출신 의병장 신돌석申乭石(1879~1908)이 이끄는 의병 부대와 연합 작전을 수행했고, 1907년 말부터 1908년 초까지 전개된 한양 진공 작전에도 참여했다. 1906년 3월부터 1910년 경에는 영천 지역을 비롯해 청송과 영일 일대를 중심으로 의병장들이 적극 활동했고, 1910년 경술국치 이후에는 간도로 건너가 독립을 위한 무장 세력의 중추적 역할을 하는 등 "산남의병은 구한말 우리 역사에서 한 획을 그었다."는 평가를 받을 정도로 치열하게 항일무장투쟁을 전개했다.

일찍 철이 들다

김법린은 10살 무렵인 1909년 근대식 학교에 입학하여 공부했다. 그가 다녔던 신령공립보통학교는 1909년 설립된 4년제 초등교육 기관이었다. 당시는 먹고 사는 문제로 학교 교육에 관심을 기울일 여유가 없는 집안도 많았다. 김법린의 집안 역시 넉넉한 형편이 아니었지만 신학문을 가르치는 근대식 교육에 일찍부터 관심을 기울인 덕분에 학교를 다닐 수 있었다.

1963년 펴낸 책 『내 인생 편력의 회랑에서』에서 김법린은 "내 나이 12살 때, 조국을 빼앗겼다는 소식을 듣고 비분 통곡하는 어른들의 몸부림을 보았다. 그분들의 서러워하던 모습이 내 일생의 가는 길을 지배하는 자극이 되었는지도 모른다. 그래서 내 평생 동안 조국독립의 염원이 유일의 신념처럼 몸에 배었을 것이다."라며 초등학생 시절 강제 병합조약이 체결된 경술국치에 대한 경험이 그의 삶 전반에 영향을 미쳤다고 회고했다.

그러나 1912년 보통학교를 졸업한 그는 가난한 집안 형편과 14살 때 아버지까지 세상을 떠나 앞날이 불투명했다. 이 무렵 그는 영천 은해사銀海寺로 가게 된다. 당시는 가난한 살림에 먹는 입을 하나라도 덜기 위해 어린 나이에 출가하는 경우도 있었지만, 김법린의 경우 공부를 더 하기 위한 선택이었다. 당시는 사찰들이 학교를 설립하여 운영하며 배움의 길을 열어주었고, "사찰에 가면 공부할 수 있다."는 소문을 듣고 아이들이 사찰을 찾았다.

1920년대 은해사 전경.

은해사 역시 그러한 사찰 가운데 하나였고, 김법린의 집과 걸어서 두 시간 거리에 있었다. 은해사는 신라 원효대사와 의상대사 그리고 고려 보조국사 지눌과 일연 등 역대 고승들과 인연이 전하는 천년 고찰로, 동화사와 함께 팔공산의 대표적 명찰이다. 은해사는 '웅장한 모습이 마치 은빛 바다가 춤추는 극락정토 같다.'고도 하고, 주변에 안개가 끼고 구름이 피어날 때면 그 광경이 '은빛 바다가 물결치는 듯하다.'고 해서 이름이 붙여졌다. 은해사는 경제력도 지니고 있었던 대사찰로, 근대 시기에 경상북도를 대표하는 사찰이었다. 1906년에는 산남의진을 편성할 때 이 지역 유림들이 크게 호응하는 등 의병운동과도 연관이 있었고, 1908년에는 승려들을 중심으로 근대식 학교인 해창학교 海昌學校를 설립하여 운영할 정도로 일찍부터 교육 계몽운동에도 관심을 기울였다.

김법린은 은해사에서 양혼허를 은사로 공부했다. 양혼허는 김법린과 동향인 신녕면 원정리 출신으로 경남 합천 해인사에서 출가하여 해인사와 통도사 강사를 지내는 등 주로 영남 지역에서 활동한 승려이자 지식인으로, 훗날 은해사 주지를 지냈다.

1914년 김법린은 은해사에서 경남 동래 범어사梵魚寺 명정학교明正學校로 옮겨 본격적으로 근대와 신학문을 접하게 된다. 이때 김법린의 나이 16세로, 범어사와 명정학교의 분위기는 감수성이 예민한 청소년 시기의 김법린에게 각별한 영향을 미쳤다.

일제강점기에는 젊은이들이 신학문을 배우기 위해 대부분 기독교계 학교를 선택한 것으로 알고 있을 정도로 근대식 교육 기관의 설립과 운영 그리고 지역사회운동에서 전통 사찰의 역할은 잘 알려져 있지 않다. 심지어 이 시기의 불교는 비합리적이고 미신적이라는 편견이 광범위하게 퍼졌고, 근대 학문이 유입되면서 불교는 전근대의 유물이며, 근대화의 장애라는 편견까지 생겨나던 시기였다.

1914년 사립명정학교
졸업식 모습

본격적으로
근대식 학문을
접하다

불교에 대한 부정적 인식은 내부에도 원인이 있었다. 하지만 일찍부터 각성된 민족의식과 근대 개화문명에 관심을 기울이는 승려들이 있었고, 불교계에서는 격변하는 근대와 일제의 식민지배라는 양대 모순을 극복하기 위해 일찍부터 전통불교를 수호하며 호법투쟁을 벌이는 등 순례포교 활동을 벌이며 근대 계몽운동과 민족의식을 고취시켰고, 방학이 되면 청년들이 여름학교를 열기도 했다. 뿐만 아니라 사찰에 따라서는 초·중등교육기관을 설립 운영하며 한글과 국사 및 영어와 수학 등 신학문을 가르치면서 근대 사상과 민족의식 고양에 힘썼고, 수업 시간 외에는 문집 발간·강연회·토론회·연극·가장행렬·민속놀이·축구와 같은 운동 경기 및 청년회 활동을 장려하는 등 다양한 근대식 교육프로그램을 운영했다. 특히 범어사는 "불교계 근대화의 중심축이자 민족불교의 중앙본부 역할을 수행했다."는 평가를 받을 정도로 대표 사찰로 꼽힌다.

　　부산시 금정산에 위치한 범어사는 678년(문무왕10) 의상대사가 창건한 천년 고찰로, 양산 통도사, 합천 해인사와 함께 영남의 3대 사찰이다. 『동국여지승람』에는 "동국東國의 남산에 명산이 있어서 그 산정에 높이 50여 척의 거암巨岩이 있고, 그 바위 한가운데 샘이 있으며, 그 물빛은 금색金色에다 물속에 범천梵天의 고기가 놀았다. 그래서 산명山名을 금정산金井山이라 하고, 절을 범어사라 한다."는 이야기도 전한다.

　　범어사는 창건할 때부터 왜구의 침입과 관련한 이야기가 전할 정도로 왜구를 진압하는 비보사찰裨補寺刹로 역사적 의미가 각별한 사찰이다. 특히 조선시대에는 경남 동래부 일원을 관장하는 승군僧軍 지휘소로 왜적을 방비하는 막중한 임무를 수행했고, 임진왜란 때는 승병僧兵 총사령부가 설치되어 호국의 선봉에 섰다. 선조 25년(1592)에는 임진왜란으로 건물이 모두 소실되어 10여 년 동안 거의 폐허나 다름없게 되는 수난을 당하기도 했다.

　　범어사는 일제강점기에도 뜻 있는 승려와 청년들이 계몽운동 등 다양한 사회운동을 벌였고, 명정학교와 지방학림 그리고 야학 등 근대식 교육 기관을 설립하여 부산·경남 지역에서 주도적으로 교육운동을 벌이며 사회운동가와 독립운동가 등 많은 인재를 배출했다.

범어사는 일시적으로 학교를 운영한 것이 아니라 수준 높은 근대식 교육 제도와 운영 시스템 등을 갖추고 상당히 체계적으로 운영되었고, 경제적 기반도 튼튼했다. 1913년 경 범어사에 소속된 각 암자들이 소유한 재산을 범어사가 직접 통합관리했을 때 약 4~5천석이나 되는 거대한 규모였고, 종합적으로 추수하기 위해 물레방앗간을 12개소나 운영할 정도였다. 범어사는 이런 경제력을 기반으로 적극적인 포교 활동을 벌이며 교육 사업 등 다양한 사회 활동을 지원했던 것이다.

범어사는 부산·경남 지역과 경성 등지에 포교당을 설립하여 포교 활동과 함께 다양한 지역사회 활동도 병행했다. 1920년대 초 동래 지역 주민들을 교육하고 포교하기 위해 설립된 범어사 복천동 동래포교당은 산속에 있던 전통 사찰의 한계에서 벗어나 시내 중심에 있어 대중들과 접촉이 원활하다는 장점을 적극 활용한 것도 그 예였다. 당시 범어사 포교당은 유치원과 일요학교 등을 운영했고, 3.1운동 때는 거사를 모의하는 장소로 이용되는 등 지역사회운동과 민족운동의 공간으로 활용되었다.

그리고 경제적으로 어려운 지역 주민의 자녀들을 대상으로 노동야학을 운영하며 교육 계몽과 농촌진흥운동을 병행하는 등 불교 청년 단체를 후원하며 다양한 지역 교화사업도 활발하게 벌였다.

▶
범어사 지방학림 명정학교 만세운동
참가자 명부

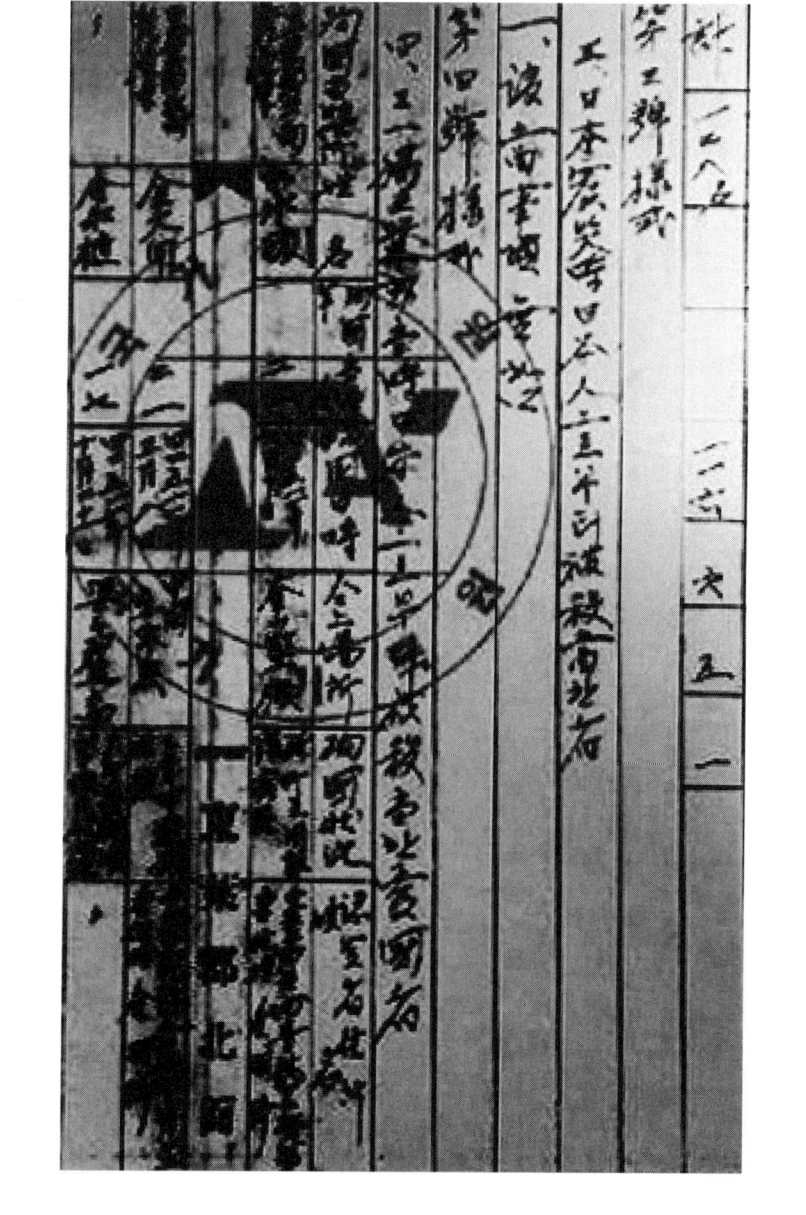

평생 동지들을
만나다

    범어사 명정학교의 분위기도 각별했다. 명정학교는 을사늑약이 체결된 이듬해인 1906년 설립된 초등 과정 근대 교육 기관으로, 1908년 정식 사립학교로 인정받았다. 1916년에는 중등 과정인 지방학림이 설립되어 명정학교-지방학림-전문강원으로 교육 체계를 구축하는 등 일찍부터 근대식 교육을 통해 인재 양성에 힘쓰며 만해 한용운의 "사찰 하나에 하나의 보통학교 및 중학교와 중앙에 전문학교를 세우자."는 일사일교주의一寺一校主義 주장을 최초로 실천에 옮겼다.

    범어사의 학교들은 민족 교육에도 적극적인 관심을 기울였다. 이에 일제는 명정학교와 지방학림에 폐교 조치를 내리며 탄압했지만 범어사는 굴복하지 않았다. 오히려 멀리 함경남도 고화 출신의 석왕사 승려 박창두朴昌斗 등 3인이 범어사 지방학림에서 공부했고, 1926년 졸업식에는 강원도 신계사·전라남도 송광사·경기도 봉선사 등 전국에서 온 유학생들이 대다수를 차지할 정도로 승려와 청년들의 발길이 이어졌다. 범어사에서는 우수한 학생들을 경성이나 일본으로 유학도 보냈다. 이 과정에서 자연스럽게 근대화와 민족 문제에 눈을 뜬 청년들은 지역사회운동과 민족운동에 나섰고, 교사가 되어 후배들을 지도하며 민족의식을 고취시키고 근대화의 주역을 배출하는 등 인재 육성에 동참했다.

한복을 입은 성월 스님

범어사에는 일찍부터 근대적 사상과 실천을 중시하는 선각자들이 있었기에 이러한 일이 가능했다. 당시 범어사 주지 오성월吳惺月 스님(1866~1943)의 경우 일찍부터 한국 불교의 자주성 및 선종 수호를 위한 임제종臨濟宗운동의 핵심적 역할을 담당하면서 일제의 불교 침투를 저지하고 불교 개혁에 적극 나섰다. 그리고 명정학교와 지방학림을 세워 운영하며 많은 승려와 청년들에게 근대식 학문을 가르쳤고, 우수한 졸업생을 경성과 외국에 유학시켜 개화 문물을 접하게 하는 등 일찍부터 근대 민족 교육과 불교개혁운동을 주도하며 인재 육성에 적극적인 관심을 기울였다. 또한 한용운과도 깊이 교유했던 오성월은 범어사 출신 청년 승려들을 한용운에게 보내 지도 받게 한 것으로 전한다.

명정학교 시절 교사들도 김법린에게 각별한 영향을 미쳤다. 독립운동가이자 국어학자 권덕규權惪奎(1890~1950)와 보성전문학교를 졸업하고 항일비밀결사단을 조직했다가 발각되어 범어사에 3년 간 은신할 때 김법린과 만난 독립투사 서상일 徐相日(1887~1962)의 경우 이후 김법린의 삶에서 유사한 면이 발견될 정도다.

이외에도 범어사는 전국에서 많은 승려와 청년들이 왕래하며 교류가 활발하게 이루어졌고, 김법린은 전통불교를 수호하며 항일운동에 주도적으로 참여했던 청년 승려들과 교류하며 평생 그와 뜻을 함께 하는 동지들도 생겨났다. 그리고 그가 명정학교로 옮긴 다음해인 1915년에는 스승 양혼허 스님이 명정학교 교원에 임명되어 다시 상봉한 것으로 보아 김법린이 명정학교에 오게 된 것은 스승 양혼허 스님의 추천이 있었던 것으로 보인다.

김법린은 명정학교에서 한글과 국사, 영어와 수학 등 신학문을 배우며 근대 사상을 접했고, 이광수李光秀(1892~1950)

와 최남선崔南善(1890~1957) 등의 저서와 외국 서적을 접하며 민족의식을 깨우치는 등 새로운 세상에 눈을 뜨게 되면서 민족의 앞날에 대해서도 구체적으로 고민하게 된다. 그리고 수업 시간 외에는 다양한 청년회 활동을 통해 불교 개혁과 독립운동에 대한 정신적 무장을 하며 무력투쟁까지도 영향을 받는 등 그의 삶은 범어사를 빼놓고 설명이 불가능할 정도로 많은 영향을 받았다.

김법린은 범어사에서 공부하는 동안 불교학에 대한 관심이 깊어지면서 출가하여 비구계를 받았고, 그의 사상적 배경이 된 분들로는, 위로는 범어사 출신 승려로 소장 정치가이자 외교에 크게 공헌한 이동인李東仁(?~1881)과 개항기 선禪의 일상화로 근대 한국불교를 중흥시킨 범어사 조실 송경허宋鏡虛(1846~1912) 그리고 다음으로는 임제종 창립의 중심에 있었던 백용성·박한영·한용운 등 3사三師를 꼽을 수 있다. 한국불교혁신론의 중심적 위치에 있었던 이들의 사상은 김법린의 민족불교와 불교혁신론에 직접적인 영향을 미쳤고, 모두 범어사와 깊은 인연이 있었다.

2장

경성에서
다시
상해로

경성으로
유학하다

1916년 명정학교를 졸업한 김법린은 범어사 불교전문강원 사교과四教科에 진학하여 1917년 우수한 성적으로 졸업했다. 19세 청년으로 성장한 김법린은 범어사 지원으로 경성으로 올라와 휘문의숙에 입학했다. 훗날 그는 휘문의숙 입학에 대해 "그때 사립학교는 공립학교보다 한국을 배우기가 좀 나았다. 미비하지만 자유가 있었고, 국사를 배울 기회도 있었다. 내가 사립학교를 택한 이유는 거기에 있었다."라고 설명했다. 일제강점기에는 사립과 공립학교의 교육 내용과 학교 분위기가 다를 수밖에 없는데, 공립 경성제일고보에 다니다가 3.1운동으로 퇴학당하고 사립 보성고보 2학년에 편입했던 유진산柳珍山(1905~1974)은 "역사 시간에 조선의 최근세사를 가르치려고 애쓰는 교사를 보고 감명을 받았다."고 회고한 것도 그 예였다.

김법린은 휘문의숙에서 1년을 공부하고 불교계의 권유로 1918년 중앙학림으로 편입했다. 동국대학교의 전신인 중앙학림은 '불교교육과 불교인재 육성'을 위해 설립되어 전국의 우수한 청년과 승려들이 공부하던 근대식 불교계 고등교육 기관이었다. 1906년 동대문구 창신동 원흥사(지금의 창신초등학교 터)에 설립한 명진학교明進學校로 시작하여 중앙학림(1915) - 불교전수학교(1928) - 중앙불교전문학교(1930) - 혜화전문(1940) - 동국대학교(1946)로 맥을 이었다.

김법린은 중앙학림에서 불교학과 신학문을 배우며 자유가 박탈된 현실에서 승려이자 식민지 청년으로서 사회에서 필요로 하는 일과 자신이 할 수 있는 일이 무엇인지에 대해서 진지하게 고민하며 민족정신과 독립 의지를 키웠고, 근대 지성인으로 성장했다.

중앙학림에서 김법린과 함께 공부했던 임석진林錫珍(1892~1968)의 회고에 따르면 "김법린은 밤 시간을 이용해 몰래 영어공부를 했다."고 할 정도로 독서와 외국어 공부도 게을리 하지 않았다. 서구의 선진 학문과 근대를 제대로 알기 위한 노력이었다. 그리고 교남학우회橋南學友會 등 사회 활동에도 참여했다. 교남학우회는 한때 명정학교 교사를 지낸 서상일과 함께 대동청년당의 핵심 당원이었던 안희제가 자라나는 청소년에 대한 교육의 중요성을 깨닫고 1907년 조직하여 가난한 학생들에게 학비를 지원했고, 방학 때는 순회 강연을 다니며 민중 의식을 깨우치는 교육 계몽운동을 했던 친목 조직이었다.

중앙학림 시절 김법린은 만해와도 만났다. 홍벽초洪碧初(1888~1968)는 "7천 승려를 합해도 만해 한 사람을 당하지 못한다. 만해 한 사람을 아는 것이 다른 사람 만 명을 아는 것보다 낫다."고 말했고, 정인보鄭寅普(1893~1950)는 "인도에는 간디가 있고, 조선에는 만해가 있다. (…) 청년들은 만해 선생을 본받아야 한다."며 최고의 칭찬을 할 정도로 시대를 고민하고 대안을

중앙불교전문학교의 1931년 모습.

찾아 나선 청년들에게 만해의 존재감과 영향력은 대단했다. 따라서 김법린과 만해의 만남은 대단히 특별한 의미가 있었다.

두 사람의 만남은 만해가 중앙학림을 왕래하며 특강을 한 것이 계기가 된 것으로 전한다. 사실 만해는 1910년대 중반 경성에 있던 범어사 포교당을 주된 거처로 삼는 등 범어사와 이전부터 교류가 있었다. 따라서 만해는 범어사 명정학교의 분위기에 대해서도 이미 알고 있었고, 김법린 역시 범어사 시절 만해의 이야기를 접했을 가능성이 충분했다. 때문에 두 사람이 서로를 아는데 많은 시간이 필요하지 않았을 것으로 보인다. 더구나 만해의 논리 정연함과 확신에 찬 어조 그리고 시국에 대한 냉철한 시각과 대안을 모색하고 실천에 옮기는 정신을 직접 접하게 된 김법린은 깊은 감명을 받았고, 이후 만해를 존경하고 따르며 만해의 사상을 전폭 수용하게 된다.

특히 두 사람이 만난 1918년은 만해가 산사생활을 청산하고 교양 불교잡지 『유심』 발간과 강연회를 통해 무기력해진 불교개혁운동과 민중의 의식계몽운동을 실천에 옮기는 등 본격적으로 사회참여운동과 항일운동을 전개하던 시기였다. 그리고 한편으로는 주옥같은 시를 발표하며 불교 교리에 대한 학술 연구 등 저술 활동을 하면서 사회와 정치 그리고 민족 문제까지 연구하는 '유심회'라는 청년들의 모임도 지도했다. 김법린 역시 이 모임에 참여했고, 만해와 더욱 가까워지게 된다.

계동 43번지에
청년들이 모이다

유심회 회원들은 만해와 사제師弟 관계에서 출발하여 동지적 관계로 발전할 정도의 각별한 관계로 발전했다. 그리고 유심사 사옥은 만해를 중심으로 뜻있는 불교 청년들이 모여 불교계의 혁신과 독립운동을 담론하던 유서 깊은 곳이 되었다. 이후 유심회 회원들을 중심으로 지방학림이나 중앙학림에 진학한 불교계 청년 그룹이 형성되기 시작했고, 동질적 세대의식을 기반으로 불교계를 선도하는 세력으로 성장하게 된다. 김법린을 비롯해 신상완·백성욱·김상헌·정병헌·김대용·오택언·김봉신·박민오 등이 그들로, 통도사 승려 출신으로 중앙학교에 다녔던 박민오 朴玟悟(1897~1976)를 제외하면 대부분 중앙학림 학생이었다.

김법린은 만해를 도와 『유심』 발간에도 참여했다. 당시 그는 '철아鐵啞'라는 필명으로 직접 글을 발표하면서 근대 불교학

3.1운동 당시 불교 잡지 「유심」을
발행하던 유심사 터.
현재는 한옥 게스트하우스로
이용되고 있다.

연구와 민족사상 고취, 그리고 사회 참여 등 현실 불교를 중시하는 사상을 구체화하며 대중불교운동과 민족운동의 길로 들어서게 된다.

김법린이 만해에게 배운 또 하나의 정신은 '실천'이었다. 이후 그는 '어떻게 살 것인가?'를 고민하면서 "흔히 이름을 남긴 이들은 그들의 사상을 철저히 행동으로 옮겼다. 실천이 없는 사상은 사상이라기보다 몽상에 지나지 않는다. 누구나 사상은 가지고 있다. 다만 몽상으로 타락하지 않는 사상의 소유자만이 참된 고유명사를 가질 수 있다."라고 강조할 정도로 실천정신이 몸에 베이게 된다. 그런 점에서 김법린에게 만해는 영원한 스승이자 울타리였고, 만해에게 김법린은 그의 정신을 물려준 큰 그릇의 제자였다.

김법린이 중앙학림에 입학한 이듬해인 1919년 윌슨 미국 대통령이 민족자결주의를 제창하여 전 세계에 큰 파문을 던졌다. 일본 도쿄에서는 한국 유학생들이 독립선언서를 낭독하며 만세 시위를 벌였고, 이 소식은 국내에도 전해졌다. 이 무렵 천도교의 최린崔麟(1878~1958)이 계동 집으로 만해를 찾아왔다. 이전부터 교류하며 민족의 앞날을 걱정했던 두 사람은 이날 국내외 정세에 대해 의견을 나누며 민족의 독립을 위해 대대적인 운동을 전개하기로 뜻을 모았다. 그리고 만해는 불교계를 맡고, 최린은 천도교를 맡았다.

만해는 긴급하게 각 지역 사찰에 연락을 취하는 등 분주하게 움직였다. 그러나 불교계는 참선을 하는 선승禪僧이라는 특수 신분과 대부분의 사찰들이 지방 산중에 위치한 관계로 교통이 불편하고 연락이 수월하지 않는 등 어려움이 많았다. 때문에 종로 대각사에 머물던 불교계의 중진 백용성白龍城(1864~1940)의 서명을 받음으로써 불교계에서는 만해와 함께 단 두 사람이 33인의 민족대표로 독립선언서에 서명했다.

이후 만해는 직접 주요 대사찰을 찾아다니며 불교계 인사들을 만나 비밀리에 세력을 규합했다. 그리고 믿을 수 있는 사람들과 만세운동을 준비했고, 2월 하순에는 범어사를 방문하여 오성월 주지를 비롯해 이담해와 오이산 등 원로 스님들을 만나 3.1운동의 지원을 부탁했다. 이에 오성월 등은 범어사 지방학림과 명정학교 등 학생대표 7명을 불러 3.1운동 계획을 전하고, 경성으로 보내 3.1운동에 참여한 후 다시 범어사로 내려와 만세운동을 주도하도록 했다.

이렇게 1919년 3월 1일을 기해 각 사찰의 승려와 청년들이 전국에서 일제히 조직적으로 봉기할 수 있도록 준비가 진행되었고, 작성된 독립선언서는 천도교·기독교·불교 측에서 나누어 배포하기로 하고 만해가 불교측의 책임을 맡았다. 그리고 3.1운동 하루 전인 2월 28일 밤 10시, 만해는 평소 자신을 따르며 독립운동에 헌신하겠다고 다짐했던 김법린 등 유심회원 10여 명을 계동의 유심사 사옥으로 긴급 소집했다.

이 자리에서 만해는 청년들에게 그동안 비밀리에 추진해 온 3.1운동 준비 과정과 불교계가 동참하게 된 경위, 학생들이 할 일에 대해서 상세하게 설명했다. 그리고 헤어지기 전에 독립선언서를 전하고 경성과 지방에 배포해 줄 것을 당부하면서 "조국의 광복을 위해 결연히 나선 우리는 아무 거리낌도 없고, 두려

범어사 3.1독립운동 기념 유공비 앞에서 열린 3.1운동 102주년 기념행사.

움도 없다. 여러분들은 우리 뜻을 동포에게 널리 알려 독립 완성에 매진하라. 특히 여러분들은 서산대사와 사명대사의 법손法孫임을 기억하며 불교청년의 역량을 유감없이 발휘하라"며 결연히 훈시했다.

만세운동에
참여한 후
범어사로 향하다

훗날 김법린은 이날의 모임에 대해 "그곳은 우리 일행이 1918년 겨울 이래 자주 출입하던 곳이고, 선생이 주재하던 잡지 『유심』의 사옥이었다. 언제나 그곳에 갈 때마다 마음을 긴장하였는데, 그날 밤은 더욱 마음이 두근거렸다. 일행을 맞은 선생의 얼굴은 평소 보이던 근엄함은 감추시고, 대사의 결행에 만족해 하면서 비장한 환희가 흘러넘치셨다."라며 민족적 거사를 앞둔 그날의 분위기를 전했다.

　　김법린 일행은 만해와 헤어진 후 사태가 시급함을 느끼고, 인사동에 있는 범어사 포교당으로 자리를 옮겨 역할 분담 등 구체적인 실행 방안을 협의했다. 이 자리에서 유심회 회장으로 가장 나이가 많은 신상완申尙玩(1891~1951)을 총참모 격으로 추대하고 백성욱白性郁(1897~1981)과 박민오는 참모 격으로 중앙에 남아 연락책 겸 3.1운동을 지휘하기로 했다. 그리고 나머지 학생들은 각각 연고가 있는 지역으로 가서 독립선언식을 거행하고 만세운동을 주도할 것을 결의했다. 당시 김법린은 김상헌과 함께 범어사 명정학교와 불교전문강원을 졸업한 인연으로 동래 지역 범어사를 맡았다.

    3월 1일 새벽 3시, 김법린 일행은 회의를 마치고 독립선언서 절반은 경성 동북부 일대에, 나머지는 전국의 지방 사찰을 중심으로 살포하기 위해 나눠갖고 헤어졌다. 시내 배포를 책임 맡은 학생들은 경성 시내 포교당과 시외에 있는 사찰을 돌아다니며 독립선언서를 배포했고, 승려와 신도들을 동원하여 인근 주민들에게 참가를 권유했다.

    3월 1일, 민족대표들이 태화관에서 독립선언식을 거행했고, 탑골공원에서 열린 독립선언서 낭독식이 끝나자 시위대는 남문南門을 나와 오른쪽으로 방향을 돌려 기독교청년회관과 종로경찰서를 거쳐 종각을 돌고 다시 남대문 쪽으로 향했다. 시위 행렬은 지금의 한국은행 앞까지 온 뒤, 옆길로 덕수궁 대한문으로 빠져 나와 서대문 쪽으로 향하면서 미국영사관과 프랑스 영사관 등이 있는 정동 거리에 이르기까지 독립만세를 외치며 행진했다.

▶
3월1일 광화문 앞에 모인 인파.
현재 교보빌딩 앞.

김법린과 유심회 회원들은 각자에게 분배된 독립선언서를 배포하면서 만세 시위를 주도했고, 검거되지 않은 학생들은 독립선언서를 소중하게 몸속에 숨겨 밤차를 이용해 각자 맡은 지역을 향했다. 김법린은 3월 2일까지 경성 시내 만세운동에 참여하고, 이날 밤 김상헌과 함께 일제의 삼엄한 경계를 피해 경부선 열차에 몸을 실었다. 두 사람은 물금역에서 미리 내려 금정산 고당재를 넘었다. 부산역 도착에 앞서 구포역에서부터 일본 경찰들이 수상한 청년 등 낌새가 이상한 사람들을 검문했기 때문이다. 3월 4일 범어사 청련암에 도착한 두 사람은 먼저 범어사로 들어가 오성월 주지와 원로들을 만나 경성 소식을 전했다. 그리고 지역에서의 만세운동 계획을 설명한 후 지원을 요청하고 흔쾌히 승낙을 받았다. 이후 두 사람은 범어사 지방학림과 명정학교 학생들과 함께 동래 장터에서 만세 시위를 하기로 계획하고, 부산과 경남지역에서 군중이 가장 많이 모이는 3월 18일 동래 장날을 거사일로 잡았다.

　3월 17일 저녁에는 예년 보다 며칠 앞당겨 범어사 지방학림과 명정학교 졸업생 송별회가 열렸다. 이 자리에서 학생 대표들은 만세운동의 목적과 계획을 설명하고, 졸업생들로부터 만세운동에 함께하겠다는 약속을 받았다. 그리고 당일 사용할 태극기와 선언서, 격문 등을 준비하고, 32명의 범어사 학생들로 결사대도 조직했다.

학생들은 늦은 밤 시간을 이용해 범어사를 출발, 복천동 범어사 포교당에 도착하여 밖에서 사온 곶감 5접으로 허기진 배를 채웠다. 그런데 새벽 1시경, 갑자기 일본 헌병과 군인 20여 명이 들이닥쳐 학생 대표들을 체포하고, 나머지 학생들을 강제 해산시켰다. 당시에는 인가 받은 사립학교에도 일본인 교사를 두게하여 교사와 학생들을 감시하며 교육 당국과도 긴밀한 관계를 유지했는데, 명정학교 학생 오계운이 일본인 교사에게 동래 장터 만세운동 계획을 밀고했던 것이다.

기록으로
남기다

일본 군경들은 주모자만 체포하면 사건이 발생하지 않을 것으로 판단하고 학생대표를 연행했다. 하지만 오병준吳炳俊(1897~1966) 등 검거를 피한 40여 명의 학생과 승려들이 다시 모여 만세운동을 계획대로 결행하기로 의견을 모으고 다시 필요한 준비를 했다. 그리고 18일 밤 군중들과 함께 '조선독립만세'를 외치며 동래 장터까지 시위를 벌인 후 다음 날 더 큰 만세운동을 하기로 결의했고, 19일 오전 '한 번 죽음은 자유를 얻는 것만 같지 못하다—死莫如得自由'라고 등사한 격문 수백 장을 군중에게 배포하고, 오후 5시경 동래시장 남문 부근에서 시위를 벌였다. 시위대는 동래경찰서로 돌진하며 만세를 외쳤고, 수 십명의 학생이 6시 경 시장에 다시 집결해 2차 시위를 벌였다.

 주동자들이 연행된 상황에서 만세운동을 벌인다는 것

은 쉬운 일이 아니었다. 그럼에도 범어사 명정학교와 지방학림 학생들은 다시 결집하여 만세운동을 벌였고, 시위는 성공적이었다. 이를 통해 범어사가 민족의식을 깨우치는 산실이자 만세운동의 진원지였으며, 범어사 학교의 교육이 어떠했는지를 충분히 짐작할 수 있다.

'범어사 만세운동' 또는 '3.18 범어사 명정학교 만세운동'이라고도 하는 이날의 만세운동은 경상남도 지역 사찰들의 만세운동에도 많은 영향을 미쳤다. 그러나 이날 만세시위로 100여 명이 체포되어 33명이 재판에 넘겨졌고, 31명이 6개월에서 2년의 징역형을 받고 옥고를 치렀다. 범어사 명정학교와 지방학림은 만세운동을 일으켰다는 이유로 1919년 3월 31일 강제 폐교되

1910년대 동래 장터 모습. 이곳에서 1919년 3월 1일 만세 시위가 열렸다.

었다. 하지만 학생들은 굴하지 않고, 1922년 범어사 3.1 동지회를 결성하여 독립 의지를 이어갔으며, 여러 차례 복교를 신청했으나 허가 나지 않다가 1926년 3월 범어사 불교전문강원으로 개원하게 된다.

    범어사는 만세운동에 참여한 청년들의 뜻을 기리기 위해 광복 후인 1947년, 사찰 내에 있는 바위에 이들의 이름을 새겨 기념비를 조성했다. 그리고 명정학교와 지방학림의 맥을 이어 창설된 금정중학교 교정에는 3.1운동에 참가한 선배들의 항일정신을 담아 1970년 3월 1일 '3.1운동 유공비'가 세워졌고, 금정중학교 박물관에 3.1운동을 기념하는 전시물과 함께 이 운동을 주도했던 김법린의 유물 40여 점을 전시하고 있다.

    김법린은 광복 후인 1946년 『신생』 창간호에 「史話, 삼일운동과 불교」라는 글을 통해 만해가 3.1운동에 참여하게 된 사정, 불교계와 유교계의 민족대표 초빙 당시의 분위기, 독립선언서 수정 등 자신이 보고 들은 일들을 상세하게 기록으로 남겨놓았다. 여기에는 만해와 관련한 구체적인 내용들이 포함되어 있어 '3.1운동과 관련한 만해의 활동은 김법린에 의해 되살아났다.'는 평가를 받는다.

범어사 전경도에 그려져 있는
명정학교.

또한 "1919년 3월 7일 동래 장터에서 만세운동을 했다."는 김법린의 증언에 근거하여 '범어사 만세운동이 부산 지역 최초의 만세운동이었다.'는 논문도 발표되어 주목을 받았다. 지금까지 부산 지역 최초의 만세운동은 3월 11일 현 동래여고 전신인 일신여학교의 좌천동 거리 만세운동이라는 것이 학계의 정설이었다. 따라서 범어사 제1차 만세운동이 3월 7일이었다는 김법린의 증언대로라면 부산 지역 최초의 만세운동이 되고, 이를 시발점으로 만세운동이 확산되는 기폭제가 되었다는 점에서 역사적 의미는 대단히 크다고 할 수 있다.

이처럼 불교계의 3.1운동은 불교계에서 운영하던 중앙학림과 지방학림 학생과 승려들이 중심이 되어 전국 사찰 또는 장터 등 많은 사람들이 운집한 곳에서 전개되었다. 그리고 준비 과

조계종 불교사회연구소가 2019년 발간한
『불교계 항일운동의 역사 자료집』 4종.

정부터 전개 과정에 이르기까지 많은 불교 관계자들이 적극 참여했고, 이후 지속적이고 조직적으로 한국불교계의 민족운동으로 이어지며 항일독립 운동사에서 중요한 역할을 수행했다.

김법린을 비롯해 만해의 지도를 받았던 중앙학림 출신 청년 승려들 역시 3.1운동의 숨은 주역들이었고, 이후 이들은 시련을 이겨내며 독립운동에 투신하는 등 불교계를 대표하는 민족운동가로 성장하게 된다.

일제강점기 범어사 스님들은
그 누구보다도 앞장서
항일 운동에 나섰다.
범어사 제12대 주지 진산식 기념.

독립운동의 심장부로 가다

3.1운동이 일어나자 일제의 무자비한 탄압이 이어졌다. 5월 초가 되어서야 표면상 조용해지자 각 학교들도 문을 열고, 학생들도 다시 등교했다. 하지만 만세운동을 주도했던 학생들이 구속되거나 수배를 피해 도피한 상황이라 학교 분위기는 어수선했다. 유심회 회원들도 예외는 아니었다. 그들 중 일부는 검거되었고, 검거를 피해 경성으로 무사히 올라온 청년들도 대부분 수배와 검거령이 내려져 있었다.

　김법린 역시 일본 경찰의 눈을 피해 경성으로 올라왔으나 활동이 자유롭지 못했다. 김법린을 비롯한 청년들은 신상완 집에 모여 앞으로의 진로를 논의했고, 4월 하순쯤, 중국 상해에 대한민국 임시정부가 수립되었다는 소식을 접하자 해외로 눈을 돌리게 된다.

1919년 4월, 김법린은 3.1운동을 함께했던 동지들과 상해로 밀입국하여 임시정부를 찾아갔다. 김법린 일행은 이 무렵 미국에서 돌아온 안창호安昌鎬(1978~1938)의 강연도 듣고, 북만주에서 온 이동휘李東輝(1873~1935)를 만나 격려를 받는 등 망명 지사들을 직접 만나면서 그들의 독립투쟁에 큰 감명을 받게 된다. 또한 김법린 일행은 상해에 있는 미국·영국·프랑스 등 서구 열강들의 조계 지역을 통해 화려하고 현대적인 국제도시의 면모를 접하며 새롭게 각오를 다지고, 임시정부의 막내로 독립운동에 동참하게 된다. 이때가 김법린의 나이 21세였다.

이 무렵 3.1운동에 참여했던 많은 젊은이들이 임시정부 수립 소식을 듣고 상해로 건너왔다. 이들 중에는 불교계 청년들도 많았는데, 대부분 개인 자격이 아니라 국내 불교계 조직과 연관이 있었다. 이들은 임시정부와 긴밀한 유대 관계를 맺은 후 국내에 다시 특파되어 활약을 하거나 만주군관학교에 입교하기도 했고, 군자금 모집 활동에 동참하는 등 본격적인 독립운동에 투신했다.

김법린 일행의 경우 중앙학림 내에 설치된 한국민단본부韓國民團本部 대표 자격으로 임시정부에 파견된 것으로 전한다. 한국민단본부는 명진학교 교장을 지낸 승려이자 독립운동

진관사를 거점으로 독립운동을
전개한 백초월 스님은
일본 경찰의 눈을 피해
진관사 칠성각 벽 깊숙이 독립운동
자료들을 보관했다.
2009년 진관사 칠성각을 보수하는
과정에서 3.1운동 직후의 자료들과
함께 일장기에 덧칠하여 그린
태극기가 발견됐다.

가인 백초월白初月(1878~1944)을 중심으로 중앙학림 출신 승려 수십 명이 결성한 항일비밀결사단체였다. 이 단체는 비밀 독립신문 〈혁신공보〉를 발행하면서 임시정부와 만주 등지에 조직원을 파견하고 군자금 모금 등 국내외에서 독립운동을 벌였다.

1919년 5월에는 임시정부 임시의정원 회의에서 "일제가 한국 문제를 악의적으로 조작하고 날조한 영문판 선전물이 세계 열강국에 배포되어 일제의 침략과 잔학상 그리고 한민족의 독립운동이 은폐되고 있다."는 문제가 제기되자 이에 대응하는 한편, 국제연맹회의에 한국의 실상을 제대로 알리고 독립의 당위성을 호소하기 위해 『한일관계사료집』을 편찬하기로 결정했다.

임시정부는 담당 기구로 임시 사료편찬회를 두어, 안창호를 총재로 하고, 주임에 이광수와 김두봉을 선임하여 핵심 실무를 맡겼다. 그리고 김법린이 7~8인의 동지들과 함께 1884년 갑신정변부터 1910년 강제 병합까지 일제의 침략 자료를 수집하는 임무를 띠고 국내에 파견되었다. 당시 김법린 일행은 국내에 잠입하여 계동 어느 집 다락방에서 식사를 제공받으며 〈황성신문〉과 〈대한매일신보〉 등 신문기사와 여러 사료를 정리했다. 그리고 평안도 노동자로 변장한 채 이 자료들을 짊어지고 무사히 임시정부로 귀환했다. 이 자료는 이후 대한민국 임시정부가 편찬한 최초이자 유일한 역사서로 기록되며, 자료 수집부터 간행까지 불과 84일 만인 9월 23일 완료되어 100질이 제작되었다. 그러나 현재는 미국 콜롬비아대학 극동도서관에서 발견된 완성본 1질이 유일하게 남아있다.

史料集 四

史料集 三

『사료집』 권1~4.
대한민국임시정부가 편찬한
최초이자 유일한 역사서.
1972년 국사편찬위원회가
미국 컬럼비아대학 극동도서관에서
처음 발견해 1974년 확인 간행했다.
독립기념관 소장.

국경을 넘나들다

　김법린은 동지들과 함께 신한청년당에서 발간하는 〈독립신문〉을 통해 국내외 정세를 접하면서 앞으로의 활동 방향을 모색했고, 국내 불교계 거물급 승려들의 상해 망명을 유도하는 한편, 국내 불교세력 결집 등 임시정부와 불교계를 연결하는 임무를 수행했다.

　1919년 10월, 임시정부가 재정적으로 어려움을 격고 있다는 사실을 알게 된 김법린과 신상완, 김상헌 등은 자금 모집을 위해 국내로 다시 잠입했다. 이들은 범어사의 이담해·오성월·김경산·오리산 등과 논의하여 거액의 군자금을 모금한 뒤, 김상호를 통해 임시정부에 전달하는 등 사찰을 통해 독립운동 자금을 모금하여 임시정부를 지원했다. 임시정부는 이에 대한 보답으로 이담해·오성월·김경산 등 세 원로를 임시정부 고문으로 추대했고, 김상호가 추대장을 가지고 돌아와 범어사에 전달한 것으로 전한다.

1919년 11월에는 "한토(韓土, 한국 땅)의 수천 승려는 2천만 동포와 세계에 대하야 절대로 한토에 있는 일본의 통치를 배척하고 대한민국의 독립을 주장함을 자(玆)에 선언하노라… 이에 우리는 대한의 국민으로서 대한 국가의 자유와 독립을 완성하기 위해 대한불교가 일본화 되는 것을 구하기 위해 우리 7천의 대한 승려는 결속하고 일어섰으니 큰 소원을 성취하기까지 오직 전진하고 피로서 싸울 뿐이다."라고 일제에 정면으로 항쟁할 것을 선언하면서 7,000여 명의 승려를 대표하여 범어사와 통도사 등 주요 사찰 중진급 승려들이 서명한 대한승려연합회 명의의 독립선언서를 발표했다.

대한승려연합회는 3.1운동 직후 상해임시정부를 배경으로 조직된 불교계 독립운동 단체로, 김법린 등 상해로 망명한 젊은 승려들이 주도했다. 한글과 함께 한문과 영어로 작성된 이 선언서는 임시정부의 〈독립신문〉에 게재되었고, 1969년 프랑스 파리에서 발견되었다.

1920년 2월에는 김법린과 중앙학림 동지들이 국내외의 정보 교환과 긴밀히 연락하기 위한 통신운동을 기획하고, 국내와 가까운 만주 안동현 육도구六道溝에 쌀가게로 위장한 동광상점東光商店을 운영했다. 이후 동광상점은 독립운동의 근거지가 되었고, 상해의 신상완과 국내의 김상헌 등과 연락을 취하며 상해임시정부와 국내를 연결하여 해외 독립운동 소식을 신속하고 정확하게 국내에 알리기 위해 지하신문인 〈압강일보〉를 발간하여 배포했다.

김법린 등은 밤에 가게 문을 굳게 잠그고 상해에서 온 독립투쟁 소식과 국제 정세 등을 그냥은 보이지 않는 특수 잉크로 신문의 후면에 열심히 베껴 썼다. 그리고 먼동이 트기 전, 작은 통나무배로 압록강을 건너 신의주에 도착한 뒤 신문을 우체통에 넣고 다시 만주로 돌아가는 일과를 되풀이 했다. 그렇게 국내로 들어온 〈압강일보〉는 해외 독립운동 소식을 국제 정세에 어두운 국내 독립운동가들에게 전하며 많은 격려와 위안을 주었다.

1920년 초에는 대한승려연합회 선언서에 등장하는 의용승군義勇僧軍을 결성하기 위해 다시 국내로 들어와 범어사와 석왕사 등을 거점으로 기밀부機密部를 설치했다. 의용승군은 전국 승려들을 군사 조직으로 결성하여 항일운동을 전개하기 위한 불교계의 비밀결사 조직이었다. 그러나 1920년 4월 중심적으로 활동했던 신상완이 경성에서 체포되면서 실천에 옮기지는 못했다.

　　의용승군 사건으로 김법린도 수배령이 내려졌으나 무사히 국내를 탈출하여 상해로 돌아왔다. 이후 활동에 제약을 받게 된 김법린은 다시 진로를 진지하게 고민했다. 특히 1919년 7월 경 부터 무력 양성이 광복의 유일한 길이라고 통감한 청년들이 만주 신흥무관학교에 파견되었고, 3.1운동에 함께 참여한 해인사 승려 김봉률과 박달준 그리고 해남 대흥사의 박영희가 만주 신흥무관학교에 입교한다는 소식을 접하게 되면서 김법린의 고민은 더욱 깊어졌다.

　　훗날 김법린은 이때의 심정에 대해 "나이 22살에 이르렀고, 젊음을 구사驅使하기엔 무엇인가 내 안에 허전한 것이 있음을 깨달았다. 그리하여 그길로 만주로 가서 독립군에 가담할 것이냐, 아니면 미주美洲로 건너가서 학업을 계속할 것이냐 하는 문제를 가지고 심각히 고민하던 끝에 미국 유학을 위해 상해로 가서 영어와 중국어를 공부하기로 했다."라고 회고 했다.

3장

파리에서
새로운
도전을 하다

미국 유학을
결심하다

고민 끝에 미국 유학을 결심한 김법린은 어학공부를 위해 1920년 4월 중국 난징 진링대학에 입학했다. 진링대학은 1888년 미국 감리회 해외선교회 책임총무 파울러C.H.Fouler가 설립한 기독교 학교로, 여운형(1916년 수료)과 조동호(1917년 졸업)를 비롯해, 김원봉·이여성·김마리아 등 독립 운동가들이 다녔던 학교였다. 그러나 미국 유학이 어렵다는 사실을 알게 된 김법린은 유능한 중국 청년들을 선발하여 프랑스 유학을 알선해주는 유법검학회留法儉學會에 지원하게 된다.

유법검학회는 중국 국민당 지도자 왕조명王兆銘(1883~1944)이 주도한 장학 단체로, 중국 학생을 프랑스로 보내 그곳에서 일을 하며 학교에 다닐 수 있도록 하는 일종의 근로장학생 제도를 운영했다. 이를 통해 제1차 세계대전 후 인력난을 겪었던 프랑스는 노동력을 보충할 수 있었고, 중국 정부는 많은 젊은이들을 프랑스로 보내 공부할 수 있는 기회를 제공했던 것이다. 후에 중화인민공화국 총리에 오른 등소평鄧小平(1904~1997)과 주은래周恩來(1898~1976)도 이 단체를 통해 프랑스에서 유학했다.

김법린은 유법검학회에 선발되어 프랑스로 유학을 떠나게 된다. 당시 40명이 선발된 장학생 중에는 한국 청년 6명이 포함되어 있었고, 중국에서 프랑스로 떠나는 300여 명 가운데 21명이 한국 청년들이었다.

이들의 프랑스 유학은 임시정부의 주선이 있었다는 자료도 보인다. 대한민국임시정부 법무총장과 외무총장 등을 지낸 신규식申圭植(1880~1922)은 당시 중국 국민당과 친밀한 관계를 유지했고, 프랑스에도 상당한 기반이 있었다. 중국 유법검학회와도 친분이 있었던 그는 허정許政(1896~1988)이 이 단체에 선발되어 김법린과 프랑스로 유학을 떠날 수 있도록 지원했다. 허정은 광복 후 정계에 입문해 각종 요직을 두루 거쳤고, 4.19혁명 후 대통령 권한대행을 지낸 인물이다.

임시정부에서 프랑스 유학을 권장한 이유는 외교 분야의 인재 육성이 절실했고, 이 무렵 프랑스가 국제사회에서 외교 중심지 역할을 한 것도 영향을 미쳤다. 뿐만 아니라 당시 대한민국 임시정부 소재지가 프랑스 조계 지역에 있었고, 1920년 상해에는 약 800명 정도의 한인들이 거주하며 프랑스 당국의 특별한 제재없이 독립운동을 하는 등 원만한 관계를 유지하고 있었다. 특히 정치적 망명가들에게 관대한 문화를 가지고 있었던 프랑스는 한국의 독립운동에 대해서 가장 우호적이었다.

또한 상해에서 프랑스 유학을 보내주는 장학 단체가 있다는 소식을 듣고 국내에서 프랑스로 유학가기 위해 상해로 오는 청년들도 있었다. 특히 일제의 감시와 수배를 피해 독립운동에 투신하기 위해 상해로 망명한 청년들 가운데 유학을 선택한 경우도 많았고, 김법린과 함께 프랑스로 떠난 유학생들도 대부분 이러한 경우에 해당했다.

유학생들이 여권을 발급받기 위해서는 중국인의 양자로 입적해야 했다. 당시 김법린도 어느 중국인 집에 가입적하여 중국 여권을 발급 받았다. 이때 본명이 김법윤金法允이었던 그는 김법린으로 개명했다. 그의 유럽명 킨 파링Kin Fa Ling은 김법린의 한자를 중국 발음으로 옮긴 것이다.

당시에는 일본에 가려면 신분 보증서가 있어야 했고, 서양으로 가려면 조선총독부의 허가를 받아야 하는 등 유학 수속이 1년 넘게 걸리고 절차가 까다로웠다. 때문에 해외 유학을 떠나는 배에 오르는 것만으로도 그 의미가 매우 컸다. 불교학자 김동화金東華(1902~1980)의 경우 일본 유학 수속에 2년이나 걸렸는데, 당시 그는 도선증을 얻는 과정이 "마치 지옥문을 여는 것 같았다."고 할 정도였다.

파리 유학시절 함께한
서영해(앞줄 가운데)와 김법린(앞줄
오른쪽에서 두 번째).
가장 나이 어린 서영해가 주인공처럼
한가운데 앉았다는 점에서 아마도
1926년 서영해의 파리대학 철학과
입학을 축하하기 위한 자리가
아니었을까 추정된다.

영국 화물선에
몸을 싣다

1920년 11월 김법린은 마침내 상해에서 프랑스 마르세이유로 떠나는 영국 화물선에 몸을 실었다. 당시 그의 심정이 어떠했을지는 전하지 않지만, 안도감과 기대감이 앞서지는 않았을 것으로 짐작된다. 내 나라 국적과 이름도 마음대로 사용하지 못하는 상황에서, 프랑스에서의 생활은 물론 앞날이 보장된 것도 아니었기 때문이다.

더구나 김법린이 탄 포르토스호Le Porthos는 불과 2년 전인 1918년 11월, 강제병합의 부당성과 독립의 당위성을 국제사회에 알리기 위해 파리강화회의에 한국 대표단으로 파견되었던 김규식이 탔던 배였다. 당시 김규식도 중국 신해혁명의 지도자 손문의 도움을 받아 '중국인으로 귀화한 김중문'으로 위장해 여권을 발급받을 수 있었다. 그러나 중국해를 지나 인도양을 건너는 배는 연말부터 다음해 3~4월까지 만석이었다. 때문에 어렵게 여비를 마련했음에도 배표를 구하지 못한 김규식은 1월 18일 열리는 파리강화회의 일정에 맞춰 도착하기 위해 여기저기 도움을 요청해야 했고, 다행히 여운형의 친구가 배표를 양보하여 겨우 배에 오를 수 있었다. 김법린의 경우 포르토스호에 탈 수는 있었지만, 2년 전과 달라진 것이 별로 없었다. 더구나 그는 고국을 떠나 상해에서 활동하다가 기약도 없이 다시 머나 먼 타국 땅으로 가고 있었다. 그나마 다행이라면 '혁명과 망명가의 도시 파리로 간다.'는 사실에 위안을 삼았는지도 모른다. 김법린은 인도양을 거쳐 40여일 만에 프랑스 마르세이유에 도착, 거기서 다시 기차를 타고 며칠 후에 파리 땅을 밟았다.

    1920년 경 프랑스에는 150명의 한국인이 있었다. 그중 약 100명이 학생이었고, 50명이 노동자였다. 한인 노동자들은 수년 전 러시아에서 단체로 이주한 뒤, 잠시 철도공사 노동자로 일하다가 흩어져 식당 보이나 잡역부 등으로 일하고 있었다. 그리고 유심회 회원으로 3.1운동에 참여한 후 상해임시정부에서 함께 활동했던 백성욱이 1년 전인 1920년 1월 15일 프랑스로 유학했다. 백성욱은 파리 북부에 있는 보베Beauvais 고등학교에 입학하여 공부하다가 1922년 독일 남부 뷔르츠부르크Wurzburg 대

▶
1920년대 파리의 풍경.

학교 철학과 입학했다.

따라서 김법린에게 프랑스는 전혀 낯선 나라는 아니었지만, 그렇다고 여건이 좋지도 않았다. 언어도 낯설었고, 무엇보다 경제적인 문제가 가장 큰 부담이었다. 가진 거라고는 범어사 은사들이 마련해준 여비와 프랑스어 사전 한 권뿐이었던 김법린은 살길부터 찾아야 했다. 그는 청소부와 병원 간호사 등으로 일하면서 불어를 배웠다. 이후 불어를 좀 더 배우기 위해 프랑스 북부 블레르시로 옮겨 시립 고등학교에 입학했다.

김법린과 함께 유학을 떠났던 청년들은 부족한 힘이나마 서로에게 도움을 주며 고달픈 생활을 견뎌냈다. 이용제는 일자리를 구하던 김법린과 정석해鄭錫海(1899~1996)에게 자신이 일하던 병원을 소개해 주었다. 덕분에 파리의 한 병원에서 잡역부로 일하게 된 김법린과 정석해는 성실성과 책임감을 인정받아, 오전에는 병원에서 일하고 오후에는 학교에 나가 불어를 배울 수 있었다. 그러나 모두가 상황이 좋아진 것은 아니며, 건강이 악화 되거나 생활고 등으로 중도에 학업을 포기하는 경우도 많이 있었다.

김법린은 포기하지 않고 공부를 지속하여 1922년 7월 파리대학 부설 외국인학교로 옮겼고, 프랑스어를 능숙하게 구사

할 수 있게 되자 1923년 11월 파리대학교 철학과에 입학했다. 이 때 그의 나이 25세였다.

파리대학에서
철학을
전공하다

동양의 전통 종교인 불교학을 공부한 김법린이 서양철학을 전공한 이유는 무엇보다 철학이 모든 학문의 근간이기 때문이다. 당시 서구 열강들은 이미 19세기부터 동양으로 진출하여 불교와 만났고, 불교와 관련한 다양한 저서들도 발행되었다. 특히 20세기에 들면서 유럽에서는 불교학 연구가 학문적으로 주목을 받았고, 서양 근대 불교학이 반대로 동양으로 들어오는 상황이었다. 그러나 우리나라와 중국, 일본에서는 토착화된 불교와 근대 불교가 쉽게 융화되지 못했다. 따라서 '정·교분리의 원칙' '신앙의 자유' '근대식 교육 제도와 포교 제도' '불경 원전의 집대성과 번역' 등은 젊은 철학도들에게 신선한 충격을 주기에 충분했다.

우리나라에서 서양철학을 배우기 위해 처음으로 유학한

사람은 1908년 독일에서 고대철학과 고전학을 전공한 김중세金重世(1882~1948)였다. 일본에 서양 학문이 일찍 들어왔다고는 하지만, 독일철학을 소개하는 정도의 수준임을 일본 유학 중 확인한 김중세는 직접 독일로 갔다. 불교학 공부에도 관심을 기울였던 그는 불교학 연구에 참고하기 위해 스스로 범어사전梵語字典을 만들어 한글로 발음을 표기해 놓기도 했다.

이후 1920년대에 서양 근대철학을 공부하며 본격적으로 불교학을 연구한 사람은 김법린과 백성욱이다. 이 무렵 근대불교학이라는 학문은 유럽 학계를 풍미하고 있었는데, 이를 직접 접한 김법린은 "서양에도 불교신자들이 있고, 독일에는 불교수도원도 있으며, 법명을 갖고 거리에서 부처님의 가르침을 열심히 전하는 파란눈의 전도가들이 있다. 하지만 서양의 불교는 연구자와 전문가 중심의 '학문'이지 포교를 하거나 신행결사信行結社가 진행된 것은 아니다. 따라서 서양에서 신앙과 포교로서의 불교는 먼 훗날을 기약해야 될 것 같다."며 전문가와 연구자들의 '대학 강단 불교' 혹은 '서재 불교'라고 평했다. 그러면서 김법린은 "서양 학계에서 불교학의 위상은 우리가 상상하지 못할 정도로 대단하다. 유럽과 미국 대학 중에 인도학과 불교학 강좌가 없는 곳이 없으며, 불교가 유럽과 미국에 학술적으로 소개된

지 겨우 100년 만에 석학 천재들을 배출하는 등 그들이 일궈놓은 불교학의 연구 성과는 동양 불교학도로서 대단히 놀라운 일이다."라며 서양의 불교학 연구에 대한 노력과 성과에 감탄했다.

김법린은 파리대학에서 근대 서양철학을 공부하며 불교의 본질에 대해 깊이 연구했고, 이후 문헌 연구의 중심이 되는 자료 집성과 연구 성과를 출간하고, 잡지 발간을 통한 포교와 대중계몽운동을 병행하는 등 불교학 발전에 기여했다. 또, 파리대학에서 공부하며 보탱병원Felix Botin Clinique에서 청소부와 간병인 등으로 일했다. 당시 그는 병원 직원용 숙소에 거주하여 숙식에 대한 부담을 덜며 공부에 더 매진할 수 있었다. 또한 그는 파리에 살고 있는 동포 27명을 규합하여 한인韓人 친목회를 조직해 활동하는 등 아르바이트와 공부만 하지는 않았다.

▶
김법린이 다닌
파리 소르본대학 입구.

대학생활에 적응하다

김법린의 절친한 친구이자 동지였던 김정설金鼎卨(1897~1966)은 당시 그의 유학생활에 대해 "돌이켜보면, 김법린의 평생은 투지로 애달아 있었다. 그는 파리대학에서 르로와 교수한테 벨그송을 배운 수재 철학도였지만, 프랑스 유학의 목적은 오히려 광복 운동에 있었을 것이다. 특히 불교운동은 교권운동으로서가 아니라 독립운동의 일부분이었다."라고 회상했다.

    또한 조준희 국학인물연구소장은 광복 후 파리 국립문서보관소Archives nationales에서 김법린의 학적부 사본을 입수했는데, 학적부의 〈부모 또는 지도교사 거주지〉란에는 '서울 안국동 40번지(40 Ankookdong Séoul, Corée)'라고 기록되어 있었다. 이곳은 민족불교 수호의 상징인 선학원禪學院의 주소로, 이는 각별한 의미가 있다.

일제의 '사찰령' 발표 후, 한국불교는 민족불교의 전통이 말살되고, 왜색불교가 활개를 치는 등 급속도로 세속화되어 갔다. 선학원은 만해 한용운이 이를 개탄하며 한국불교 고유의 법통을 굳게 지키기 위해 직접 제안하고 발기인으로 참여하여 창설한 선종 중앙기관이었다. 만해는 3.1운동으로 3년 간 옥고를 치르고 출옥한 후 선학원에 머물렀고, 이후에도 많은 애국지사들과의 인연이 이어졌던 독립운동의 요람이었다. 김법린은 이런 고국의 현실을 항상 마음에 새기고 있었고, 만해를 지도교사로 여기고 있음을 의미했다.

김법린은 대학생활에도 점차 적응해 갔다. 김법린은 수업 분위기에 대해서 "교수나 강사는 어떤 문제를 다룰 때 결코 독단적 결론을 학생에게 고압적으로 주입하려고 하지 않았다. 문제의 역사 및 성질을 자세하게 설명한 후 해결의 조건 및 방법을 제시하면서 '나의 관점으로는 이럴듯하나 여러분의 뜻에는 어떠할는지…'라고 물었다."라며 권위적이거나 주입식 수업이 아니라 학생들의 사고를 존중하면서 학생이 스스로 답을 찾아가는 자유로운 분위기였다고 소개했다.

유학생활 내내 학비와 생활비를 벌어야 했던 김법린은 오전에 블로뉴 숲 근처 임상병원에서 간호일을 하고, 오후에는 라

김법린 파리대학 유학시절 주소란에
'선학원'으로 적힌 학적부.

뎅기에 있는 대학으로 가서 강의를 들었다. 강의가 끝나면 도서관에 들려 그날 강의에 제시된 평론과 해설 요지를 기록하고, 교수들이 알려준 참고 서적을 밤 9시까지 공부했다. 그는 도서관에서 적게는 4~5권, 많게는 10권까지 참고 서적을 검토하며 앉은자리에서 6~7시간씩 탐독했고, 200~300쪽 분량의 책을 하루에서 이틀이면 독파했다. 당시 그는 도서관에서 공부하며 "플라톤·아리스토텔레스·데카르트·칸트가 통하는 것 같기도 하고, 독단적인 면도 보였으며, 빠뜨린 점도 있는 것 같다."고 할 정도로 서양 학문을 깊이 있게 탐구했다.

3년 만에
졸업하다

김법린은 귀국 후에도 "프랑스 도서관을 이용하던 시절이 제일 그립다."며 프랑스 도서관에서 보낸 시간들을 회고했다. 그리고 프랑스인들의 독서열을 소개하면서 "우리가 갖추어야 할 시설이 많지만, 도서관 시설 확충이 제일 시급하다."고 강조했고, "공립 보다는 민립, 도시 보다는 시골에 도서관이 필요하다. (…) 도서관의 규모가 크면 좋겠지만, 소규모라도 곳곳에 설립되면 대단히 환영할 만한 일이며, 개인이 경영하기 어려움이 있을 것이니 종교 단체나 청년 단체 같은 곳에서 솔선하여 약소하게나마 설립하면 좋겠다."고 제안했다.

파리대학에서 공부한 것에 대단히 만족했던 김법린은 귀국 후 청년들에게 프랑스 유학을 권하기도 했다. 프랑스에서 대학에 입학하기 위해서는 먼저 대학입학 자격 국가고시에 응시

해야 했고, 합격하면 원하는 대학에 자유롭게 등록할 수 있었다. 김법린이 입학한 파리대학의 학제는 학년제나 학점제가 아니라 일종의 학과목 이수제였다. 하지만 단순히 수업을 이수하는 것으로 졸업하는 것이 아니라 강의를 수강한 후 절차에 따라 시험을 통과해야 했기 때문에 졸업이 쉽지 않았다.

파리대학은 전공학과 이수과목 중 4개 과목을 최소 2년 동안 수강한 후 필기시험과 구술시험을 통과해야 졸업할 수 있었다. 구술시험은 필기시험에 합격해야 응시자격이 주어졌고, 두 번의 기회가 있었다. 필기시험과 구술시험을 준비하는데 많은 시간이 필요했고, 시험이 무척 까다로웠기 때문에 통과하기 힘들었다. 그리고 두 번의 구술시험에서 떨어지면 다시 절차를 밟아야 했기 때문에 이수증서를 받기 위해 4년에서 6년 또는 그 이상을 등록하는 학생들도 적지 않았다.

김법린은 1923년과 1924년 사이, 철학과에서 개설한 과목을 최대한 신청하여 심리학을 비롯해 일반철학 및 논리학·사회학·윤리학·철학사·미학·과학철학 등을 수강했고, 시간이 날 때마다 철학에 관한 명저들을 정독했다. 그리고 1925년 3월 심리학 필기시험과 구술시험에 합격했다. 자신감을 얻은 그는 여름에 일반철학 및 논리학 과목에 응시했으나 필기시험에서 탈

락했다. 이것이 그의 일생에서 단 한 번의 실패였다고 한다. 때문에 그는 큰 충격을 받았지만, 다시 분발하여 이듬해인 1926년 3월 사회학과 윤리학 두 과목 시험을 통과했고, 7월에 일반철학 및 논리학과 과학철학 과목 시험을 통과하여 3년 만에 졸업하게 된다.

김법린이 다섯 과목의 시험을 보게 된 이유는 스스로 한 과목을 더 신청해서 수업을 들었기 때문이다. 당시 그가 선택한 과목은 5명만 신청할 정도로 대단히 어려운 과목이었는데, 김법린을 제외한 4명이 모두 프랑스인이었다. 그런데 김법린만 시험에 통과하고 나머지는 모두 낙제하여 교수를 놀라게 했다는 일화도 전한다.

김법린은 대학 졸업 후 파리 인근의 지방은행에 다니며 같은 해인 1926년 11월 대학원에 입학하여 근세 철학을 연구했다. 그러나 그는 진로 문제를 놓고 다시 고민하게 된다.

4장

국제무대에
서다

세계 피압박민족대회에 참가하다

1925년 겨울이 되기 전이었다. 세계의 압박받는 민족과 계급들이 제3국의 공격에 공동으로 방어하기 위한 '공수동맹攻守同盟'을 맺고, 생존권 보전을 목적으로 '반제국침략주의연맹'을 결성했다. 이어 제국주의의 침략에 대한 대책을 논의하기 위해 1926년 8월 베를린에서 국제대회를 개최하기로 결정했다. 그러나 식민 지배를 받는 국가와 민족 대표들의 여행권이 불허 당하는 등 감시와 통제로 참가가 힘들게 되자 대회는 연기되었다. 우여곡절 끝에 1927년 2월 5일부터 14일까지 벨기에 브뤼셀 에그몽 궁전Egmont Palace에서 처음으로 피압박민족대회를 개최하기로 결정하였다.

이 소식은 김법린이 파리대학을 졸업한 직후인 1926년 9월 국내에도 알려졌고, 상해 조선청년동맹회에서는 대회에 참석할 대표를 결정하기 위해 자료를 수집했다. 1926년 9월 10일 〈동아일보〉는 사설을 통해 "피압박민족대회가 인류사회의 평화에 기여하고, 약소민족에 대한 식민지 강대국의 인간성 말살 즉 착취·압박·약탈에 경고를 줄 것이다."라며 이 대회를 계기로 세계 각지에서 피압박민족운동이 치열하게 대두될 것으로 기대했다.

당시 한국 대표단의 단장을 맡았던 이극로李克魯(1893~1978)에 따르면 대회 개최 소식을 가장 먼저 접한 사람은 〈동아일보〉 기자 김준연金俊淵(1895~1971)이었다. 김준연은 기미육영회의 장학생으로 독일 베를린 대학에 유학하여 정치와 법률을 공부했고, 독일유학생 모임인 유덕고려회의 중심 인물로 활동했다. 귀국 후 〈동아일보〉 기자로 일하던 그는 독일에서 공부하고 있던 베를린 대학 동창 이극로에게 대회 개최소식을 알렸고, 만주로 가서 이극로에게 여비를 송금한 것으로 전한다.

한편 파리 유학생 정석해는 자서전에서 "벨기에 브뤼셀에서 약소민족회의가 열린다는 것을 베를린에서 이극로가 내게 편지로 알려와 알았지요. 그래서 우리도 파리에서 대표를 보내자고 하고, 파리 거류민단 대표로 김법린을 보냈어요. 우리는 파리 대표를 보낸다고 자격증을 발행하고, 서명까지 넣어 김법린을 보냈는데, 막상 대회측에서는 이극로 박사는 개인으로 온 것 같고, 김법린은 무슨 자격으로 온 것 같았나봐요. 그래서 김법린이 오히려 한인 대표격이 되었지요."라고 회고했다.

피압박민족대회의 성격과 참가 배경에 대해서는 아직 밝혀지지 않은 부분이 많지만, 한국 대표단은 특정 단체에 의해 주도된 것이 아니라 일제에 의한 한국 침략의 부당성을 폭로하고 자주독립의 당위성을 세계 각국에 알리는 좋은 기회라는 판단에서 참가하게 된 공식 행사였다. 김법린의 파견이 결정된 이유도 그가 파리에 거주하며 파리 한인회장직을 맡았고, 불어를 능숙하게 구사했으며, 확고한 민족의식과 조국 독립을 위해 헌신했기에 그라면 이 대회를 통해 세계 각국에 한국의 독립을 호소하고 공감을 얻어낼 수 있을 것으로 판단했던 것이다.

독립의 당위성을 세계에 알리다

1927년 2월 12일 〈조선일보〉가 논설에서 "대회의 성공을 바라고 우리 대표의 분투를 기원한다."며 한국 대표단의 파견 사실을 전하자 일제가 〈조선일보〉를 압수하는 등 비상경계를 하며 여러 단체를 예의주시하는 가운데 한국 대표단이 대회에 참가했다.

감시와 통제 속에서 개최된 피압박민족대회는 세계 각국 124개 단체에서 147명이 참석한 가운데 2월5일~9일까지의 예비회의와 2월10일~14일까지의 정식회의로 진행되었다. 예비회의는 본 대회에 출석하기 전에 각국 대표단을 구성해 통일된 의견을 제출하도록 했고, 대회 전날 기자회견을 열어 참가 배경과 소신을 밝히는 자리를 마련했다.

한국 대표단은 대회 직전에 첫째, 시모노세키조약을 실

행하여 조선독립을 확보할 것 둘째, 조선 총독정치를 즉시 철폐할 것 셋째, 상해 대한민국임시정부를 승인할 것 등 3가지를 제안하기로 결정했다.

시모노세키조약은 1895년 청일전쟁에서 승리한 일본이 시모노세키에서 청나라와 체결한 강화조약으로, 이 조약을 실행한다는 것은 한국이 청나라나 일본에 종속된 나라가 아닌 독립국임을 국제적으로 보장한다는 의미가 있었고, 두 번째 총독정치 청산은 곧 조선의 독립을 보장하라는 의미였다. 그리고 세 번째로 상해 대한민국임시정부는 3.1운동 이후 전 국민의 여망에 따라 성립된 공화정부로, 국제사회가 이를 승인한다는 것은 대한민국이 민주공화국으로 탄생하는 것을 의미했다. 따라서 이상 세 가지는 한국의 독립을 보장한다고 이미 국제조약연맹에 명시한 사실을 확인하는 실질적으로 필요한 조치들이었다.

또한 한국 대표단은 "일제의 식민 지배로 고통 받는 한국인의 구체적 현실을 국제사회에 설명하고 독립을 위해 끝까지 투쟁하겠다."는 의지를 담은 「한국의 문제The Korean Problem」라는 제목의 문서를 영어와 독일어로 작성하여 각국 대표단과 신문기자들에게 배포했다.

이 문서는 대회에 한국 대표단으로 참가했던 이의경이 소

◇出席한朝鮮代表와片山潛氏
―向하야左로부터―
呂祐日 許憲 金法麟 片山潛 李仁景 李克魯

▲
당시 대회에 참석했던 대표들.
좌로부터
이의경, 김법린, 허헌, 이극로.

◀
1927년 3월 23일자 〈동아일보〉에
대회에 관한 기사가 실렸다.

장하다가 대학 동기였던 뮌헨대학 자일러Seyler 교수에게 주었고, 자일러 교수는 40년 간 보관해 오다가 1969년 독일 유학생 정규화에게 다시 돌려주었다. 귀국 후 성신여대 교수를 지낸 정규화는 이 문서를 개인적으로 보관하다가 1984년 7월 독립기념관 설립운동이 추진되자 문서를 기증하여 현재 독립기념관에서 보관하고 있다.

「한국의 문제」 본문은 독일어와 영어로 각각 4쪽씩 모두 8쪽 분량에 앞뒤 표지를 포함해 총 11쪽으로, 1910년 국권 피탈부터 1926년까지 일제 침략상이 구체적으로 담겨 있다. 또한 1919년 3월 1일 한국의 종교인 대표와 학생들이 주도하여 독립을 선언한 3.1운동을 설명하면서 "이것은 최후의 단계이며 우리는 자유를 찾기 위해 모든 것을 할 것이다. 뿐만 아니라 일본은 무력이나 기만술로는 더 이상 한국을 지배할 수 없다. 일본에 대한 투쟁만이 우리를 자유와 생명으로 인도할 마지막 유일한 대안이라는 것을 우리는 분명히 알고 있다."며 한국인의 자유와 생명을 지키기 위해 끝까지 일제에 투쟁하겠다고 천명하고 있다.

▶
〈한국의 문제〉 표지.
가로 15㎝ 세로 23㎝ 독일 베를린 살라드룩 운트 스타인코프 (Saladruck & Steinkopf) 인쇄소 발간.
표지에 영어·불어·독일어로 「한국의 문제」라는 제목이 쓰여 있다.

THE KOREAN PROBLEM
LE PROBLÈME CORÉEN
DAS KOREANISCHE PROBLEM

한국을 대표해서 연설하다

1927년 2월 10일부터 열린 본회의 대회장에는 태극기가 게양되고, '사회평등·민족자유'라는 문구가 적힌 포스터와 '제국주의 타도'를 의미하는 한문 문구도 걸렸다. 에그몽 궁전에서 열린 본회의 첫날, 한국 대표단은 결의안을 제출하고, 김법린이 한국대표로 일제 만행을 규탄하는 역사적인 연설을 했다.

김법린은 대표단이 준비한 문건과 별도로 연설 원고를 준비하여 세계 약소민족들이 제국주의 세력에 대항하여 독립투쟁을 선언한 이 대회의 의미를 강조하는 한편, "모든 사람은 평등하며, 존엄한 인격체이므로 인간의 존엄성이 박탈되어서는 안된다… 한국은 유사 이래 독립국이었으며, 고유한 문화를 가진 나라이다."라고 한국 독립의 정당성을 세계에 알렸다. 그리고 "1910년 일제가 한국을 강제로 점령함으로써 한국인은 끝없는 불행에 빠지게 되었다."며 각국 대표단을 설득하기 위해 일본제국주의의 개념·역사·목표 등을 설명하면서 폭정으로 점철된 일제의 식민통치 사례들을 조목조목 비판했다.

그는 "일제가 훌륭하게 식민통치를 하고 있다."는 억지 주장에 대해서 1910년에서 1926년까지 한국으로 이주한 일본인의 수, 일본인의 토지 침탈, 한국인의 생활고, 한국인과 일본인 지주의 자본 비교, 학교 교육의 억압과 차별, 한국과 일본인 관료의 수 등 각종 수치를 인용하여 일제 식민지 침탈상을 도표로 비교 요약하여 제시했다. 그리고 다섯 식구 가정이 연간 200 마르크로 생활이 가능한지 반문하면서 일제 강점 이후 17년 간 한민족의 경제적 손실에 대한 통계자료와 뉴욕 타임즈, 외국 은행 등 서양의 자료들까지 인용하여 일제의 박해 사례를 구체적으로 제시했다.

또한 그는 "일제가 한국의 국권을 강탈한 후 그들의 범죄를 감추기 위해 한국인의 나쁜 관습과 일부 개인들의 결점을 일반화하면서 모든 발전은 일본인의 덕택인 것처럼 선전 한다."며 일제가 날조한 허위 사실을 폭로하였다. 30여 분 동안 논리정연하게 일제 만행을 비판한 김법린의 연설에 각국 참가자들은 "일제의 침략상을 객관적으로 판단할 수 있도록 유도하고, 자신의 주장을 더욱 정당화하는 뛰어난 설득이었다."라고 평가했다.

우리 독립운동사의 주요 사건이었던 김법린의 연설은 국내에도 알려져 주목을 받았다. 그러나 연설문이 전하지 않아 한국 대표단이 배포했던「한국의 문제」를 연설문으로 오해하는 등 80여 년 동안 구체적인 연설 내용을 알 수 없었으나, 2006년 11월 조준희 국학인물연구소장이 독일 브레멘의 한 고서점에서 『에그몽 궁전의 봉화(Das Flammenzeichen vom Palais Egmont)』라는 제목의 독일어 단행본을 발견하여 연설 전문이 세상에 알려지게 된다.

책의 제목은 대회 첫날, 에그몽 궁전에서 사회자 바르뷔스Henri Barbusse가 봉화를 들어 개회를 알렸다고 해서 붙여졌다. 여기에는 대회 의사록이 모두 독일어로 번역되어 있고, 한국 대표단의 명단과 직책, 결의안과 연설 전문도 수록되어 있다. 그리고 수소문 끝에 프랑스어로 된 연설문 원본이 네덜란드 암스테르담 소재 국제사회사연구소(IISG)에 소장되어 있다는 사실을 확인하고 연설문 원본도 확보했다. 연설문 제목은「한국에서 일본제국주의 정책 보고(RAPPORT SUR LA POLITIQUE IMPERIALISTE COLONIALE DU JAPON EN COREE)」로, A4 용지 크기에 표지를 제외하면 총 7쪽 분량이다. 전문을 그대로 낭독하면 34분가량 소요되며, 서론·본론·결론으로 구성되어 있다.

일제의 만행을
엄중 경고하다

연설문 서론에서는 일본 제국주의의 개념·역사·목표 등을 설명하면서 "일제의 폭력은 일본인과 일본의 이익만을 위한 정복이 목표이다. 일제는 이를 위해 모든 수단과 방법을 동원하여 영토를 확장해야 한다는 보편적 믿음을 가지고 있다. 이같은 확장이 다른 이들을 희생시키거나 도덕적 이상에 반反하더라도 실현 가능하다면 자신들에게는 문제될 것이 없다는 입장이다. 그들에게는 영토 확장 자체가 가장 큰 재산이며, 모든 인간적 가치는 이에 의해 희생될 수 있고, 목표를 위해서는 모든 것이 희생되어도 문제없다고 한다."며 일본 제국주의의 실체를 세계에 폭로했다.

본론에서는 1910년부터 행정·사법·교육·경제·노동 정책의 실상 등 한국에서 자행한 일제의 잔혹성을 구체적으로 비판하면서 "조선 총독부의 〈연간 보고서〉는 철저하게 파렴치한 위선으로 포장하여 '합병 이후 한국의 발전'이라는 허울을 세상에 보여주었고, 성공적인 행정이라고 자랑하고 있다. 여기에 특정 부류의 외국인들이 내놓은 표면적인 관찰 결과는 순진하게도 일제의 공식보고서의 허상을 뒷받침해 주었다. 오늘날 한국이 20년 전과 같지 않다는 사실은 인정하지만, 스스로 통치를 했더라도 다른 현대적 국가들이 발전하듯이 한국도 발전하였을 것이다."라며 일제가 자신들의 주장을 뒷받침하기 위해 제시하는 각종 자료들이 한국의 참혹한 현실을 얼마나 왜곡하고 있는지에 대한 다양한 사례들을 제시하고 "일부 외국인들의 단편적인 진단으로 진실이 왜곡되고 있다."고 날카롭게 지적했다.

    또한 그는 "한국에서 가장 높은 권력을 지닌 총독이라는 직책은 매우 흥미로운 것이다. (…) 총독은 일본 의회 앞에 책임이 없으며 천황에게만 책임을 다해야 한다. 일본이나 한국에서 총독의 정책을 비판할 수 있는 기관은 전혀 없다. 그의 정책에 반대하는 일본 또는 한국 신문들은 모두 정간되거나 다른 주인에게 매매됐다."며 무소불위의 권력을 휘두른 총독정치의 실상을 폭로했다. 그리고 "일본은 군사 정신으로 무장한 채 한국에 힘을 과시했다. 모든 공무원들은 일본군과 다름없는 정복을 착용하고 칼을 차야 한다. (…) 한국 국민이 일상적으로 당하는 수도 없이 끔찍하고 더러운 폭력적 상황들이 얼마나 힘겨웠겠는가?"라며 일제 공무원들의 행정과 관련한 무력통치의 잔혹성을 비판했다. 교육 문제와 관련해서는 1917년 관보를 인용하며 "한국인을 위한 공립학교 수는 526개로 주민 3만1,650명당 한 곳인데(당시 인구는 1,664만8,129명), 한국에 거주하는 일본인을 위한 학교는 367개로 일본 주민 874명당 한 곳 꼴(일본 주민 수는 32만938명)"이라며 학교 교육의 양적·질적 차별과 고등교육을 말살하고 있는 문제, 모든 교육이 일본어로 진행되고 있는 사실 등을 비판했다.

뿐만 아니라 "도로 건설을 다그쳐 일본 군대가 더 쉽게 침입하고 더 편하게 행군할 수 있도록 해주고 있으며, 노동자들의 생활상은 해가 갈수록 비참해지고 있다. 1924년 통계에 따르면 한국 농민의 연간 소득은 12엔을 조금 넘는 수준으로 대략 120프랑 정도에 불과하다."며 일제의 침탈로 인한 한국인들의 비참한 생활상을 폭로하고 "1915년의 공식 통계에 따르면 경찰과 헌병 본부가 273곳인데 반해 일본 정부가 세운 병원이나 학교 같은 자선 기관의 수는 불과 14개와 386개인 점과 비교하면 놀라울 정도로 많다."고 식민통치의 폭력성을 비판했다.

마지막으로 결론에서는 "한국에서의 일본 식민제국주

의 정책은 국제사법 정책 중 가장 범죄적이고 부끄러운 것이라는 사실이 명백하며, 문명과 인류를 더럽히고 타락시키는 이같은 수치와 범죄를 씻어내고 처벌할 때가 되었다."고 엄중하게 경고했다.

귀국을 결심하다

한국 대표단의 노력에도 불구하고 한국문제는 집행부에 의해 소홀하게 다루어졌다. 영국 제국주의 규탄에 중심을 두었던 이 대회는 주요 의제가 중국·인도·이집트 문제에 집중되었기 때문에 다른 약소국들이 제출한 안건은 대부분 무시되었던 것이다.

　　분과위원회가 조직되었을 때 이극로가 요동위원회 정치산업부 위원이 되어 "한국문제에 관한 안건을 채택하지 않는 것은 불공평하다."라고 문제 제기를 하자 의장단은 한국문제에 대한 논의를 투표로 결정하기로 했다. 당시 약소국들은 대부분 찬성했지만, 강대국 대표의 반대로 투표 결과는 3표 차이로 부결됐다. 그럼에도 한국 대표단은 일제 식민통치의 폭력성과 3.1 독립선언 그리고 상해임시정부 수립을 알리며 일제 조약체결의 무효와 한국 독립의 정당성을 주장하여 많은 참가국 대표들의 호감과 공감을 이끌어 냈다는 점에서 큰 의미가 있었다.

피압박민족대회가 종료된 후 이극로와 이미륵은 독일로 돌아가 학업을 계속했고, 김법린 역시 프랑스로 돌아왔다. 이 무렵 불교계로부터 귀국을 권유받고, 김법린의 고민이 깊어졌던 것으로 보인다. 당시 그의 고민은 귀국을 할 것인지의 여부가 아니라 "귀국 후 무엇을 어떻게 할 것인가?"였다.

1927년 1월9일 〈조선일보〉는 "파리대학 졸업생은 철학과 김법린과 이정섭, 법과 이득종 등 3명으로, 김법린은 공부를 계속하고 싶으나 학비가 없어 계속 공부하지 못할 것으로 보이며, 취업을 하여 계속 독서를 할 계획이나 시간이 없어 귀국하게 될 것이라는 소문이 있다. 그런데 김법린은 파리에서 고학으로 성공한 첫 조선인이자 뛰어난 독서가로, 그를 아는 모든 사람들이 칭찬한다."며 파리대학 졸업생 소개와 함께 김법린의 졸업과 향후 진로를 보도했다. 또 같은 해 3월23일 〈동아일보〉는 대표단의 활동과 함께 별도로 김법린의 사진과 약력을 보도하며 그의 연설 등 피압박민족대회에서의 활동에 대해 주목했다.

같은 해 2월 14일 최종 회의에서 아세아 문제 연구와 아시아 민족 상호 간의 관계 협의를 위해 '아시아 민족회의'가 설치되고 중국·인도·시리아와 함께 한국에서 한 명씩 위원이 선임되었을 때 김법린은 한국위원으로 선출되었다. 그리고 김법린은 같은 해 12월 9일부터 11일까지 벨기에 룩셈부르크에서 열린 피압박민족 간부 회의에 참석한 후 네덜란드에서 기차를 타고 시베리아를 경유하여 1928년 1월 14일 귀국하게 된다. 이때 그의 나이 30세였다.

김법린은 신문 인터뷰에서 "좀 더 공부하야 박사학위나 얻어 가지고 오려 하였으나 고국 떠난 지도 오래 되었고, 고국을 그리는 마음이 간절하매, 본국에서 일하는 분의 일을 돕는 것이 그곳에서 학창생활을 더 계속하느니 보다 낫겠다는 생각으로 돌아온 것입니다. 7~8년 만에 본국에 돌아오니 모든 것이 많이

"파리문학사(巴里文學士) 김법인씨(金法麟氏)의 귀경(歸京)"
김법린의 귀국 소식이 실린 〈조선일보〉 1928.1.16 기사.

변하였습니다. 우리는 모든 것을 이 안을 중심으로 일하지 않으면 안 됩니다. 장래는 교육계에 힘쓰며 더욱 학술 방면에 연구코자 합니다."라며 귀국 소감과 함께 박사학위를 포기하고 귀국을 결심하게 된 이유와 향후 계획을 밝혔다.

5장

학문 연구와
실천을
병행하다

근대 지성을
일깨우다

김법린은 귀국한 다음 달인 2월 14일, 청소년 시절을 보내며 세상에 대해 눈을 뜨게 된 범어사에서 첫 강연을 했다. 강연 내용은 서양불교를 소개하면서 불교와 쇼펜하우어의 서양철학, 인도철학사상과 불교의 지위 등 불교철학과 사회운동에 대해서였다. 이날 강연은 많은 사람들의 관심과 기대 속에 진행되었고, 불교 잡지『불교』는 '파리에서 금환錦還한 문학사 김법린씨 귀국 최초 대강연'이라는 제목으로 "여러 스님들의 환대 속에 귀국 후 첫 사자후獅子吼를 토하여 청중들로부터 많은 감동과 갈채를 받으며 성황리에 마쳤다."고 강연회 소식을 전했다.

이후 김법린은 강연과 기고문을 발표하며 불교개혁운동에 참여하는 등 학문 탐구와 사회 참여를 통한 실천을 병행하며 적극적으로 활동했다. 김법린은 불교계를 포함해 사회 단체들의 초청 강연을 하면서 '서양의 불교' '불교와 소펜하우어의 철학' '인도철학사상에 대한 불교의 지위' 등 서구 근대 철학과 함께 근대 불교학을 소개했다. 그리고 프랑스에서 공부한 서양 근대 철학과 불교학 연구 성과를 불교 혁신과 연관시켜 실천을 위한 하나의 이론적 근거로 하였고, '개인의식과 사회의식의 차이'와 같은 개인의 삶이나 사회 문제를 주제로 강연하면서 '어떻게 살아가야 하는가?'라는 질문에 답을 찾으며 일제의 식민 지배 현실을 분석하고 비판하면서 자연스럽게 사회참여운동으로 이어갔다.

또한 그는 『불교』와 『일광』 등 불교계 잡지에 '철아鐵啞'라는 필명으로 '서양 학계와 불전의 연구' 등의 기고문을 통해 서양 근대 철학과 접목하여 근대 불교학도 소개했고, 종교에 대한 신앙 문제를 인권의 자유라는 관점에서 서양 민주주의 정치사상과 결합하여 두 가지를 융합한 분석을 시도했다.

1928년 9월에는 잡지 『불교』의 학술부를 담당하면서 소비에트(소련) 정부의 불교연구소 설립 소식이나 독일 각 대학에서 개설하고 있는 불교학 및 인도학 강좌를 소개하고, 서구 철학 사상에 관해 논하는 등 유럽 지역의 철학과 불교학 동향에 대해서도 상세하게 전달했다. 그리고 한편으로는 고루한 전통에 안주하는 불교를 통렬하게 비판하면서 승려의 자질 향상·기강 확립·생활 불교 등을 제안하는 등 한국불교의 폐단과 문제점을 지적하고 이를 개선하기 위한 불교혁신운동과 농촌계몽운동 등 사회참여운동을 병행했다.

김법린은 귀국 직후 중앙학림에서 중앙불교전문학교로 교명을 바꾼 모교 교수로 취임하여 청년들을 가르치며 새로운 불교학 연구를 모색했다. 그리고 프랑스 등 유럽에서 형성 발전된 서양의 불교학 연구를 토대로 진보적 실천을 모색하는 대중불교운동과 민족의식을 고취시키는 독립운동으로 이어갔다.

1932년 4월 22일에는 칸트 탄생 208주년을 맞아 경성제대 철학과 출신 박치우·안호상·최현배 등 7명과 함께 철학연구 모임도 창립했다. 이 모임을 통해 한국 최초의 철학 전문잡지 『철학』을 3회까지 발간했고, 〈동아일보〉의 후원으로 공개 철학강연회를 주최하는 등 근대 철학 연구에도 적극적인 관심을 기울였다.

김법린의 강연과 기고문 그리고 강의를 통한 철학 연구 주제들은 "구미 근대 불교와 불교혁신운동 사이에 해석학적 지평융합을 도모했고, 이를 통해 근대 불교 연구를 위한 그의 지성적 활동은 불교계에 자극을 주고 새로운 의미를 일깨우는 역할을 담당하며 근대 지성을 일깨웠다."는 평가를 받았다.

한편, 1928년 11월 김법린은 베를린에 본부를 둔 반제국주의연맹 사무국에서 보낸 상임서기 명의의 초청장을 받았다. 제1회 대회에서 김법린의 활동과 한국 대표단에게 깊은 인상을 받은 연맹 사무국에서 제2회 대회에 참석해 달라는 초대였다. 그러나 김법린은 바쁜 일정으로 참석하지 못했고, 1929년 7월 파리에서 열린 제2회 대회에는 파리에서 활동하고 있던 서영해가 참석하게 된다.

불교 혁신을
핵심 과제로
삼다

김법린이 근대 불교학의 중요성을 역설하며 서구 문화와 학계의 동향을 소개하는 등 '근대와 혁신의 새 불교사상'을 핵심 과제로 삼았던 이유는 당시의 상황과도 밀접한 연관이 있었다. 이 무렵 한국불교는 일제의 식민지 불교정책 사슬에 구속되어 불교 본연의 길을 가기 힘들었던 시기로, 일제는 한국불교가 민족불교로서의 길을 가지 못하도록 근본적으로 억압했기 때문이다.

대표적인 예로 1910년 강제병합 이후 일제는 사찰의 모든 재정권을 장악했고, 7천 승려들이 운신할 수 없도록 일본 승려를 상주시켜 감시하는 등 정치적 예속을 강화했다. 때문에 한국불교는 독자적이고 자율적인 노선을 유지하지 못하고 전국 사찰은 총독부에 예속되어 철저하게 일제의 식민 지배를 받게 된다. 그리고 이 과정에서 식민지 지배정책에 부응하는 협력자들이 나오는 등 한국불교는 심하게 변질되어 갔다.

따라서 불교 개혁을 위한 노력은 단순히 종교적 차원을 넘어 독립운동과도 연관이 있었다. 이에 김법린은 "불교계의 인사권과 재정권을 총독부가 장악한 '사찰령'이라는 악법이 존재하는 한 불교계는 그 어떤 자주권도 행사할 수 없다. 따라서 이러한 현실 극복을 위해서는 총독부의 통제와 간섭이 사라져야 한다."며 '사찰령'의 폐해를 가장 심각한 문제로 지적했고, 불교계가 주체적으로 종교 활동을 시행할 수 있는 자주권을 확보하기 위해서 "종교에 대한 국가의 간섭을 배제하고 교단의 자치권을 존중하도록 제도적으로 보장해야 한다."며 정·교 분리를 주장했다.

정·교 분리는 근대국가에서 종교의 자유를 보장하는 기본권리로, 총독부가 불교계의 교무행정 전반을 간섭하며 내부의 자주권을 부인하는 상황에 대해 김법린은 중세사회에서 교황이 국왕을 임명하던 시기의 폐단과 이후 왕권이 교권을 제약하던 시대에 일어났던 불행한 사건들을 지적하며 "정치권과 종교계는 독자적인 영역을 존중하고 간섭하지 말아야 한다."고 통박했다.

김법린은 귀국 후 만해와 다시 만나 함께 일했다. 특히 1931년 만해는 운영난을 겪고 있던 불교계 대표 잡지 『불교』를 인수해 편집인 겸 발행인으로 청년 교육과 민족 문제 등 다양하고 깊이 있는 내용들을 통해 민족의식을 고취시키고 있었다. 당시 만해는 얼굴이 반쪽이 될 정도로 자신의 몸을 돌보지 않으며 『불교』 발행에 열정을 쏟았다. 이런 만해를 위해 저명 인사 등 당대 지식인들이 필자로 참여했고, 김법린 역시 만해를 적극 지원하며 함께했다.

김법린은 뜻을 같이 하는 사람들과 각종 사회운동에 적극적인 관심을 기울였다. 특히 불교의 근본 정신과 종교적 사명감마저 희미해진 불교계 현실을 일깨워 주고, 부처님의 참된 가르침을 시대 속에 재현하기 위해 불교혁신운동을 실천에 옮긴 것이 그 대표적 예이다.

만해와 백용성, 박한영 등은 "불교 수행자들 스스로 생활을 개혁하여 시대 조류에 맞는 제도와 방편을 찾아 실천에 옮겨야 한다."고 주창하며 승려의 신분으로 직접 사회운동에 뛰어들어 일제에 항거했다. 만해의 사상을 계승한 김법린은 귀국 직후인 1928년부터 동지들과 함께 불교청년운동 중흥에 적극 참여하여 불교계의 역사적 과제였던 통일운동에 적극적인 관심을 기울였다. 당시 통일적인 기관과 운영 내규 등 자율적인 틀의 부재로 불교 발전은 물론 민족운동 기반이 미약했던 불교계는 이를 '불교 쇄신과 기강운동'이라고 했다.

동지들이
다시 모이다

김법린은 귀국 직후인 1928년 3월, 불교계 동지들과 함께 '조선불교청년대회'를 주도하고, 새로운 조선불교청년회 집행부를 출범시키는 등 3.1운동 직후 설립 되었다가 유명무실해진 조선불교청년회의 복원에도 적극 나섰다. 불교청년회의 재건은 다음과 같은 각별한 의미가 있었다.

첫째, 불교청년회의 재건은 불교청년운동의 재기를 의미했다. 불교청년운동은 3.1운동의 결과로 발생한 것이 아니라 불교계의 근대적 교육 개혁에 따른 결과로, 3.1운동의 배경이 되는 등 불교계 내부 동력으로 작용했다. 따라서 불교청년회의 재정비는 불교 혁신과 동시에 독립운동의 근간을 다지는 것이었다.

둘째, 불교청년운동의 재건은 과거 불교청년운동을 주도했던 청년들의 재기를 기반으로 했다. 따라서 3.1운동에 참여했던 청년 동지들이 다시 만났다는 각별한 의미가 있었다. 특히 이 무렵 김법린처럼 해외로 나갔던 청년들이 대거 복귀했고, 외국에서 근대를 경험한 이들은 한국불교의 문제점을 보다 객관적인 시각에서 조망할 수 있었다. 따라서 청년불교운동은 불교 개혁에 힘을 실어주게 된다.

셋째, 불교청년운동의 재정비로 '사찰령 철폐운동' 및 불교계 통일기관 설립을 추진하는 등 불교계의 자주권 확보에 큰 영향을 미치며 활기를 되찾게 된다.

대표적인 예로 불교청년회는 1929년 1월 각황사에서 불교계 내부를 정비하기 위해 '조선불교선교양종승려대회'를 주도하여 불교 개혁에 앞장섰다. 각황사는 1910년 일제의 강제병합 이후 만해 스님 등 전국 승려들이 모금 활동을 벌여 도성 안 종로구 수송동에 세운 사찰로, 일제강점기 동안 한국불교를 대표했다. 따라서 각황사에서 열린 '조선불교선교양종승려대회'는 근현대 불교사에서 매우 중요한 의미를 갖는다.

이 대회는 전국에서 107명의 불교계 대표들이 참가하여 종헌, 중앙교무 원칙, 교정회 규약, 법규위원회 규칙, 종회법 등을 제정했다. 종헌은 불교계의 헌법으로 불교 통일운동의 틀과 내용을 담았고, 한국불교의 대표를 상징하는 교정 7인과 중앙

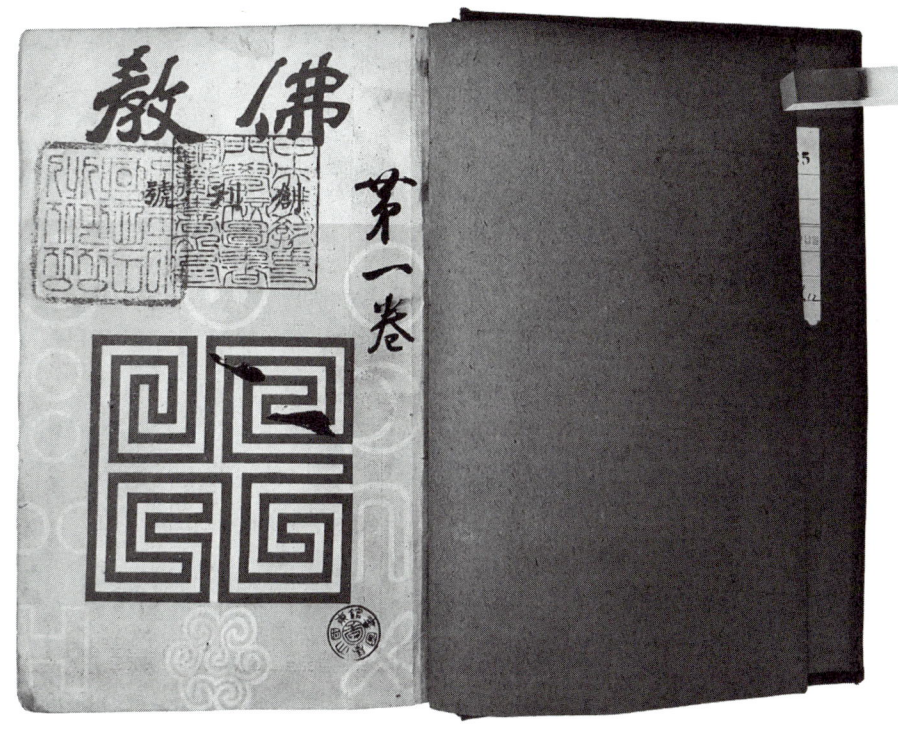

일제강점기 불교계 소식을 전하던
잡지 「불교」

교무원 간부 선출 그리고 입법기관인 종회와 행정 실무를 담당하는 중앙교무원이 설립되어 불교계의 통일운동을 실천에 옮기는 기반이 된다. 이후 불교계는 종헌에서 규정한 기관의 운영과 규정 준수를 통해 통일운동을 실천에 옮기며 1930년 무렵까지 비교적 정상적으로 운영된다.

　　또한 불교청년회는 불교청년운동의 제반 문제점을 정비하며 오래 동안 무조직 상태에 방치되어 있던 20여개의 불교청년단체를 한 개의 조직으로 통일하여 '조선불교청년총동맹 창립대회'를 개최했다. 그리고 기존 조선불교청년회의 산하 조직을 해체하고 총동맹 산하의 동맹으로 가입하는 등 기존 조선불교청년회 조직과 인물뿐만 아니라 구학계열의 학인, 여성불교운동을 담당한 조선불교여자청년회의 조직과 인물 등이 대거 가세한 조직체로 확대되었고, 기관지 발간과 농촌계몽운동 등 민중운동을 병행하며 불교계 내에서도 위상이 높아졌다.

　　김법린은 총동맹의 중앙집행위원으로 선출되어 적극 활동했다. 그는 "종교는 사회적 현상이다. 대중의 교도敎導가 그의 천직이요, 대중과의 접촉이 그의 생명이다. 이 천직을 망각하고 이 생명을 무시함이 현재 조선불교와 같은 자 없다."며 사회를 구제救濟하는 신불교운동을 제창하면서 "신불교운동은 불교청년회의 전위적 활동에 의하여 실현될 수 있다. (…) 종래의 무기력하고 비활동적인 상태에서 벗어나 새로운 시대정신과 요구에 첨예한 의식을 가진 청년들의 기민한 활동에 의하여 비로소 신불교운동은 실현된다."며 민중 본위의 불교를 지향하기 위한 대중불교운동에 관심을 기울였다.

불교 대중화의
실천에 나서다

김법린은 대중불교운동을 실천에 옮기기 위해서는 "산사山寺로부터 도시로, 승려 본위로부터 신자 본위로, 은둔적이고 독선적 불교로부터 사회적이고 겸제적兼濟的 불교로 진출하자."라며 "조용한 산사에서 면벽 수행으로 자신의 깨달음을 추구하는 독선에서 벗어나 모든 중생들을 구제하기 위해서 많은 사람들이 살고 있는 곳으로 나와야 하며, 그러기 위해서 승려들은 자신을 수행하는 것을 넘어서 대중의 고통을 덜어주는 등 중생들을 제도하려는 헌신적인 보살행을 실천해야 한다."는 민중 본위의 불교운동을 제창했다.

또한 그는 "현재 포교당과 그 내부 조직의 운영 방식은 승려와 신도 사이의 장벽을 없앨 수 없으므로 철저한 방향 전환이 필요하다."며 포교당 건축과 유지비 보조 및 포교사 제공은 소관 사찰에서 담당하며, 기타 유지와 내부 조직의 사업 활동과 형식 등 일체는 신도 단체의 직할에 일임하여 승려는 오직 지도만을 할 것을 제안했다. 그러면서 "포교당을 승려의 출장소가 아닌, 민중의 사업 기관으로 하고, 특히 청년 포교사들의 솔선적인 노력이 중요하다."고 강조하는 등 김법린의 불교혁신사상은 교화와 교육계몽운동을 바탕으로 하며 교화의 구심점을 서민대중에 두고 있다.

그는 「佛敎의 農村進出에 對하여」라는 글에서 "조선 국민 80% 이상이 농촌에 거주하면서 사원寺院과는 지리적·경제적으로 가장 밀접함에도 불구하고 불교의 교화 활동이 농촌을 등한시 해온 것은 기이한 현실"이라고 불교의 농촌에 대한 무관심을 지적하면서 농촌의 포교 활동을 가장 시급한 과제로 꼽았다. 그러면서 농촌 포교를 위한 기본적인 농촌계몽운동으로 첫째, 농민의 80~90%를 차지하는 문맹퇴치운동 둘째, 최소한의 지식을 보급하는 상식보급운동 셋째, 농민의 생활 향상을 위한 농사 개량·부업 장려·소비생산의 합리화(협동조합) 등 농촌경제운동 넷째, 공동의 이익 창출을 위한 공동 노작勞作과 정기집회 등 네 가지 운동에 주력할 것을 제안했다.

김법린의 대중불교운동은 문화적·경제적으로 농민의 실생활을 향상시키면서 농민으로 하여금 자연스럽게 불교에 귀의하게 하는 것이 적절한 교화 방법이라고 본 것이다.

일상의 불교를 위하여

유학을 통해 서구 학자들이 언어학과 문헌학에 기초하여 원시불교를 복원해 내는 것에 경탄했던 김법린은 대중불교운동의 기반 조성을 위해 "도서의 완비가 기초 조건이며 불교학 연구를 현대화하여 시대와 대중이 이해할 수 있는 새로운 방법으로 교학을 하는 것이 조선불교의 급선무이다."라며 대중의 눈높이에 맞는 불교학 연구를 강조했다.

김법린은 "대중들이 쓰는 말로 평이하게 번역된 불전이 없고, 사회 각 단계의 교양과 지식의 정도에 맞추어 현대적으로 해설한 것도 없다. 불전의 민중화와 현대화야 말로 민중적 불교운동의 최대 과제다. (…) 대중들에게 바른 길을 열어주고 어렵고 난해한 불법佛法을 쉽고 편리하게 전할 수 있어야 한다."며 불경佛經의 한글화와 불전佛典의 대중화·현대화에 적극 관심을 기울였다.

　대표적인 예로 역경 사업을 실천에 옮겼던 그는 "종래의 번역과 달리 근대 학문의 언어학과 문헌학 지식을 충분히 살려 전통적인 한역 경전에 머물지 않아야 한다."며 한역 중심의 전통 불교학에서 벗어나 시대와 대중이 이해할 수 있는 새로운 방법으로 대중화를 시도했다.

　한편 김법린은 귀국 후 박덕순이라는 여인과의 운명적 만남도 있었다. 그녀는 경남 김해에서 양조장을 운영하는 부잣집의 외동딸이자 남동생들만 있는 장녀였다. 어린 시절 경성에 올라와 정신여학교를 다녔던 그녀는 재학시절 독립운동에 참여했다는 이유로 퇴학당해 집으로 내려오게 되자 집에서 결혼을 서둘렀다. 하지만 공부를 더 하고 싶었던 그녀는 일주일 넘게 단식투쟁을 벌였고, 결국 집안에서 그녀의 일본 유학을 허락하여 고베의 마쯔에松江 보육전문학교에서 공부하게 된다.

　1920년대 초에 여학교를 다니며 시위에 가담할 만큼 의식이 깨어 있고, 일본 유학까지 한 신여성이었던 그녀는 자기 의견이 분명했던 것으로 보인다. 김법린과의 만남도 그녀의 성격과 연관이 있었고, 한편으로는 만해가 중간에 있었다.

일본에서 만해의 시와 격문을 읽고 깊은 감명을 받았던 그녀는 유학을 마친 뒤 귀국하여 경성 조양유치원에서 주임 보모로 일했다. 그러던 어느 날, 선학원으로 직접 만해를 찾아갔다. 이때 김법린과도 만나게 되는데, 당시 김법린은 그녀에게 강한 인상을 받았다. 이후 두 사람은 편지를 통해 서로의 생각을 주고받으며 가까워졌다. 그녀는 기독교계 학교에서 교육을 받으며 기독교인이 되었으나 김법린과 만난 후 불교로 개종했다. 이후 여성불교운동을 재기시키는 과정에서 임원으로 적극 활동할 만큼 불심佛心이 깊어졌다.

당시는 승려의 결혼을 금하지 않았기 때문에 두 사람은 결혼까지 생각하게 된다. 하지만 사업을 크게 하던 그녀의 집안에서 독립운동 등 김법린의 활동을 듣고 받아들일 수 없다며 결혼을 강력하게 반대했지만, 두 사람은 1929년 3월 결혼했다.

이후 그녀는 대한여자청년단 단장 및 청룡국민학교 교사, 최초의 여성불교 모임인 마야부인회 초대 회장으로 활동하는 등 평생을 김법린의 아내이자 동지로 살았다. 그리고 인연을 끊고 살았던 그녀의 집안과는 광복 후 관계가 회복되었다고 한다.

1929년 3월 김법린은 아내이자
동지로 곁을 지켜준 박덕순과
결혼식을 올렸다.

6장

새로운 대안을
모색하다

만당卍黨을 창당하다

1930년대에 들어서면서 일제는 중국을 침략하며 민족독립운동 세력에 대한 탄압을 한층 강화했다. 때문에 국내 항일운동 세력들은 지하로 잠복하거나 국외로 나갔다. 일제는 불교계에 대해서도 종헌이 일제의 승인을 받지 않았다는 이유로 '사찰령'과 '사찰법'을 내세워 불교 혁신에 제동을 걸었다. 때문에 활동에 심한 제약을 받게 되었고 중대하고 시급한 문제들을 공개적으로 논의하기 어려워지자 불교청년운동도 다시 침체의 길로 들어서게 된다.

일제의 제약을 받지 않고 불교 개혁과 독립운동을 이어갈 수 있는 조직의 필요성을 절감한 김법린은 고민이 깊어졌고, 동지들과 이 문제를 논의 끝에 1930년 5월 비밀결사조직 '만당卍黨'을 결성하게 된다. 만당은 다음과 같은 「선언문」도 확정했다.

"보라! 3천년 법성法城이 허물어져가는 꼴을. 들으라! 2천만 동포가 헐떡이는 소리를. 우리는 참을 수 없는 의분에서 감연敢然히 일어선다. 이 법성을 지키기 위하여, 이 민족을 구하기 위하여! 향자向者는 동지요, 배자背者는 마권魔券이다. 단결과 박멸撲滅이 있을 뿐이다. 그리고 우리는 3대 강령을 주창한다. 우리는 안으로 교정敎政을 확립하고, 밖으로 대중 불교를 건설하기 위하여 신명을 도睹하고 과감히 전진할 것을 선언하고, 정·교 분립·교정 확립·불교대중화를 실현한다. 이상의 목표를 달성하기 위하여 우리는 목숨을 버릴 각오로 결사를 조직한다."

지금 들어도 비장함이 느껴진다. 특히 만당 선언문의 '정·교 분립·교정 확립·불교대중화'라는 세 가지 강령은 불교 개혁에 비중을 두고 있는 것으로 보이지만, 정·교 분리는 정치와 종교를 분리하자는 주장으로 일제의 핵심 불교 정책인 '사찰령' 철폐의 주장이 담겨 있었고, 교정 확립은 운영의 합리화를 통해 안으로는 불교의 자주화와 밖으로는 독립 쟁취를 목표로 하고 있다.

만당은 관련 기록을 전혀 남기지 않는 등 비밀결사조직의 원칙을 철저하게 지켰다. 당원들은 선언문과 강령도 암송으로 전수했다. 때문에 조직의 기구나 명단은 물론 구체적 활동에 대해서 알려진 내용이 거의 없다. 다만 광복 후 관계자들의 구전과 회고문을 통해 중앙에 본부를 두고 특수 지구에 지부를 두었다는 사실이 알려졌고, 만당 결성에 참여했던 이용조 전 동국대 교수가 1964년 8월30일 〈대한불교〉에 '내가 아는 만자당卍字黨 사건'을 기고하면서 만당의 결성 과정이 밝혀졌다.

일본 풍산대학에서 공부한 이용조는 유학을 마치고 귀국하여 중앙불전 서무과장으로 근무하던 조학유의 집에 하숙했다. 이용조와 조학유는 김법린, 김상호와도 교류하며 만날 때마다 불교계 실정에 개탄과 울분을 토로했고, 여러 차례 논의 끝에 "불교계의 모순과 불교청년운동의 부진을 극복하기 위해 순교정신을 가진 동지들을 규합하여 비밀결사를 조직하자."고 의견을 모았다. 그리고 1930년 5월, 이들 네 사람이 먼저 부처님 앞에서 맹세하며 조직을 결성했고, 이후 2차와 3차로 당원을 입당시켰다. 이제까지 신원과 경력을 알 수 있는 만당 당원은 24명뿐이다. 이들은 대부분 불교계에서 함께 일하며 우정을 바탕으로 결속하고, 피로 맹세한 동지들로 항일의식과 민족독립에 대한 강한 열정을 지니고 있었다.

자리를 함께한 만당의 핵심 멤버들.
뒷줄 오른쪽 두 번째부터 최범술, 김법린, 허영호.
앞줄 오른쪽 첫 번째가 김상호, 네 번째가 강유문이다.

조직이 확대되다

만당의 핵심 당원들은 다음과 같은 특징도 발견된다.

첫째, 만해의 영향을 받은 젊은 엘리트 승려들로, 3.1운동에 주도적으로 참여한 후 개혁적이고 자주적 노선을 표방하면서 불교의 대중화·자주화·세계화를 지향했다. 둘째, 7명의 범어사 출신 청년 승려들이 주도적인 위치에 있었다. 이들은 범어사 학교에서 공부하고, 경성에서 중앙학림이나 사립 고등보통학교에서 공부하며 근대 지식인으로 성장했다. 셋째, 중앙불전 강사 출신이 다수였고, 대부분 승려대회를 주도했던 조선불교청년회 회원 및 조선불교청년총동맹의 맹원들로 교육 및 포교 등 불교 대중화에 적극적 관심을 기울였던 불교청년운동의 핵심 세력이었다. 넷째, 프랑스에서 공부한 김법린 외에는 일본에서 공부한 외국 유학생들이 많았다. 유학생이 당원 선발 기준은 아니지만,

유학을 통해 서구 시민사상을 배우고 대중성과 개혁 성향을 지닌 것이 영향을 미쳤다. 또한 일제강점기에 일본에 유학한 승려는 대략 360여 명으로, 이들은 대부분 귀국 후 『불교』 등의 잡지에 논설을 투고하며 식민지 현실 극복과 불교계 혁신에 동참하거나 교육계와 문화계 등 다양한 분야에서 활동한 불교계 대표적 지식인이었고, 불교 개혁은 독립운동과도 연관이 있었기 때문에 독립운동가들도 많았다.

　　만당은 만해를 당수로 추대했으나 만해에게는 알리지 않았다. 만당이 발각되었을 때 만해에게 피해가 가지 않게 하기 위해서였다. 그러나 핵심 당원들은 활동하면서 중요한 일이 있으면 만해에게 자문을 구한 것으로 전한다.

　　만당은 당원이 10명 내외일 때는 개인 집에서 모이다가 당원이 증가하자 요리집이나 소풍객을 가장하여 교외에서 모임을 가졌고, 매월 세 번째 일요일에 정기모임을 개최하여 교정 전반에 걸친 문제를 토론했다. 만당 당원들은 비밀 엄수와 당에 대한 절대 복종을 서약했고, 동지들의 단결을 강조했다. 불교청년운동 과정에서 동지들의 단결을 절감했기 때문이다. 당원 가입도 엄격한 규제와 심사를 거쳤다. 당원 후보자가 있으면 전 당원이 일정 기간 과거 행적과 현재의 사상 동향 등을 철저하게 조사해 전원 찬성으로 가입이 결정되었다.

비밀결사조직이었던 만당은 조직을 은폐하기 위해 조선불교청년총동맹을 표면 단체로 내세웠다. 그러나 조선불교청년총동맹은 이름만 있는 단체가 아니라 전국적으로 대중운동을 활발하게 전개했다. 1930년 10월, 조선불교청년회 임시총회에서 총동맹으로 전환하며 선정한 7인의 추진위원 등 총동맹 임원 대다수가 만당 당원이었고, 1931년 3월 창립대회를 통해 제정한 강령도 '불타정신의 체험·합리적 종교의 확립·대중불교의 실현'으로, 만당의 강령과 비슷했다. 그리고 만당의 주요 회원들은 철저한 의식으로 무장하여 조선불교청년총동맹의 최일선에서 적극 활동하는 등 청년운동을 실질적으로 주도하면서 많은 당원 후보를 확보할 수 있었다.

한편 김법린은 중앙불전에서 서양철학을 강의하며 후학 양성에도 적극적인 관심을 기울였다. 현실적인 어려움은 있었지만, 서구의 학문 세계를 공부하여 인재를 양성하는 것도 대단히 중요했기 때문이다. 그리고 이를 위해 학문 탐구를 게을리 하지 않았던 김법린은 만당 결성 이듬해인 1931년 일본으로 다시 유학을 떠났다.

고마자와駒澤 대학에서 범어(산스크리스트어)와 인도철

학을 연구한 그는 범어 원문과 한문본을 비교 분석하고, 불교학의 중요한 분야인 인명학 등 당시 아무도 관심을 기울이지 않았던 학문 연구에도 적극적인 관심을 기울였다. 훗날 그는 일본에 유학한 이유에 대해 "잘못된 것을 바로 알고, 보다 발달된 불교학을 배우기 위해 식민통치의 본국인 일본 유학길에 나섰다."고 설명했다.

김법린은 일본에서 학문 탐구에만 전념하지 않았다. 그가 유학길에 오른 직후인 1931년 3월, 조선불교청년총동맹 동경지부장으로 선출되어 일본에서 공개적인 항일 활동을 했고, 1932년에는 만당 일본지부를 조직하고 동경지부장에 선출되어 당원을 포섭하는 등 불교청년운동에 깊이 관여하며 학문과 실천을 병행했다.

위기가 찾아오다

1932년 3월 일본 유학을 마치고 귀국한 김법린은 중앙불전에서 원전 중심의 강의를 하며 근대 불교학의 전문 영역을 구축해 나갔다. 그리고 같은 해 7월에는 만해가 발간하던 잡지『불교』의 학술부 기자와 주간을 맡았다. 당시 그는 여러 회에 걸쳐 자신이 공부했던 '유식삼십송'에 대한 번역과 해제를 게재 했고, 유럽의 정·교 분립 역사를 소개하면서 "불교가 발전하기 위해서는 총독부가 제정한 법령과 각종 간섭에서 벗어나야 한다."라며 '사찰령' 폐지와 정·교 분리를 주장하는 등 식민지 불교정책 비판과 불교 대중화에 힘썼다.

김법린이 일본에서 귀국할 무렵 허영호許永鎬(1900~1952)와 장도환張道煥(1903~?) 등도 귀국하면서 만당의 당무黨務가 확장되는 등 상당한 진용을 갖추게 된다. 전체 당원도 80

여 명이 되어 상당한 규모로 확장되었고, 불교계 교정敎政 전반에도 상당한 영향력을 발휘하며 잠재 세력으로 성장했다.

그러나 1932년 가을부터 만당도 크게 두 가지 문제에 직면했다. 하나는 재단법인 교무원의 40만원 증자에 대한 현실인식 차이에서 비롯된 정상진과 허영호의 의견 충돌이었다. 문제의 발단은 10여 년 전으로 거슬러 올라간다.

1922년 재단법인 교무원은 출범하면서 기본금을 60만원으로 설정했다. 그러나 1929년 승려대회가 개최될 때까지 실현되지 못한 상황에서 1929년 3월 말에 열린 교무원 평의원 총회에서 불교전수학교를 전문학교로 승격을 위해 40만원을 증자하기로 결정했다. 그러자 당시 교무원의 재무부원이었던 정상진이 『불교』 100호에 '불교 재정에 대하야'라는 기고문을 통해 "60만원의 증자도 달성하지 못한 상황에서, 각 사찰의 형편도 어려우므로 40만원 추가 증자는 폐지되어야 한다."고 주장했다. 이에 허영호는 『불교』 103호에 '40만원 증자 폐지의 폭론을 듣고-중앙재단 및 장래 사업을 옹호하야'라는 기고문을 통해 '몹시 분하게 여긴다'는 뜻의 '분개생憤慨生'이라는 필명을 사용하여 정상진의 주장을 강경한 어조로 반박했다. 두 사람의 의견 차이는 간담회와 공개 의견 교환까지 했으나 끝내 합의점을 찾지 못하고 화해할 수 없는 단계에까지 이르렀고, 만당 내부도 의견이 엇갈리면서 균열이 발생했다.

또 하나의 문제는 김상호가 당의 뜻을 위배하고 중앙 요직인 교무원 이사에 진출하여 논란이 일어났고, 1932년 12월 당사자가 출신지인 부산으로 귀향해 버렸다. 그리고 중앙불전 학감으로 있던 허영호가 강사들과의 갈등으로 학교에서 파면되었고, 1933년 3월에는 총동맹 전체대회에서 중앙집행위원장 허영호가 퇴진하게 된다. 여기에 중앙불전 교장으로 백성욱과 만해를 추천했지만 모두 성사되지 못하고 내분으로 이어지며 만당에도 위기가 찾아왔고, 결국 1933년 4월 중순, 만당 당원들이 긴급 소집되어 해체를 결정하게 된다.

다솔사로 낙향하다

평소 학교 설립을 통한 교육 계몽과 인재 육성의 필요성을 강조했고, 특히 불교계 고등교육 기관 설립의 필요성을 절감했던 김법린은 전문학교 승격을 위한 출연금 논란이 일어났을 때 허영호의 의견을 지지했다. 이 문제로 교무원 이사진과 의견이 대립했고, 교무원 지원을 받던 『불교』가 재정난으로 폐간되자 주필 자리와 중앙불전에서도 물러나게 된다.

또한 조선불교청년총동맹 검사위원장에 피선된 김법린은 총독부의 불교 탄압에 정면으로 맞서다 일본 경찰의 요시찰 인물이 되어 활동 공간이 대폭 위축되자 경남 사천의 다솔사多率寺로 낙향하게 된다. 이때 김법린의 나이 35세로 왕성하게 활동할 나이였다.

다솔사는 1,500여 년 동안 명맥을 이어온 천년 고찰로,

경남 지역에서 가장 오래된 사찰이었다. 다솔多率은 사찰로 가는 길에 곧게 뻗은 소나무 자태가 뛰어나 '소나무가 많다'고도 해석하지만, 다솔사가 있는 봉명산이 '마치 대장군이 앉아 있는 듯하다'고 해서 '군사를 많이 거느린다'는 뜻도 있다. 봉명산은 이명산이라고도 하는데 옛날부터 '이명산 산하 십리 안에 만군萬軍을 호령할 천자天子가 나오고, 미래 세계를 이끌어갈 현량賢良들이 모여 마음껏 토론할 수 있는 도량이 생긴다.'는 이야기도 전한다. 때문에 '많은 불심佛心을 거느린다.' '좋은 인재를 많이 거느린다.'는 의미로도 해석한다.

또한 다솔사 대웅전 뒤편 대나무 밭은 '누구든지 이 자리에 묘를 쓰기만 하면 복을 받아 큰 인물이 난다.'는 명당 중의 명당으로 유명하다. 때문에 다솔사에 불이 나면 묘를 쓰겠다는 세도가들이 눈독을 들이자 승려들이 상소문을 올려 '어금혈봉표御禁穴封表'를 하사받았다는 이야기도 전하는데, 다솔사 가는 길목 바위에 새겨진 이 글귀는 "임금의 명령으로 이 일원에 무덤 쓰는 것을 금지한다."는 뜻이다.

만당과도 각별한 인연이 전하는 다솔사는 현재 독립 현충 시설물로 지정되어 있다. 대표적인 예로 안심료安心寮는 만해를 비롯해 만당 당원과 독립운동가들이 머물렀던 객실로, 만해가 이곳에서 독립선언서와 공약삼장 초안을 작성한 것으로 전한다. 그리고 김법린을 비롯해 만해와 그의 제자들이 은거하면서 항일 의지를 불태우는 등 한때 서부경남 지역의 독립운동 본거지 역할을 했다. 안심료 앞에는 1939년 만해의 회갑을 기념하여 김법린 등 제자들이 심은 황금 편백나무 세 그루가 지금도 그때의 정신을 잇고 있다.

경상남도 사천시 봉명산에 자리한
다솔사 전경

사랑방이자 공론장이 되다

김법린이 다솔사에서 생활하는 동안 다솔사는 불교계 인사들과 문인·사상가·예술인 등 시대를 고민하는 지식인의 사랑방이자 공론장이 되었고, 독립운동가들이 왕래하며 항일운동의 근거지 역할을 담당하는 등 자연스럽게 민족 지성을 갖춘 엘리트들의 집합처가 되었다.

다솔사는 독립자금 조달 창구 역할을 했던 백산상회의 연락소 역할도 했다. 백산상회 투자자는 '경주 최부자'로 유명한 집안의 12대 손인 최준崔浚(1884~1970)을 비롯해 의령의 안희제, 양산의 윤현태, 하동의 정재완 그리고 문영빈 등이었다. 이들은 부산에서 사업을 하며 독립운동 자금을 조달하는 과정에서 다솔사를 근거지로 활동했다고 전한다. 광복 후 김구는 "상해 임시정부와 만주 독립운동 자금의 6할이 안희제의 손을 통해 나왔다."고 증언해 백산상회의 독립운동 자금 지원 규모가 어느 정도였는지를 짐작케 한다.

소설가이자 시인 김동리도 김법린 등과 다솔사 요사채에서 함께 생활했다. 김동리는 개신교 학교에서 교육을 받으며 기독교 신자가 되었으나 평소 많은 영향을 받았던 큰형 김정설을 찾아 다솔사에 왔다가 다솔사와 인연을 맺게 된다.

김동리는 다솔사에 머무는 동안 진주사범대학 출신 김월계를 만나 만해의 주례로 결혼을 하고, 1937년부터 다솔사가 운영하던 광명학원에서 6년 동안 교편을 잡았다. 그러나 일제의 어용 문학단체 가입 권고를 거절하여 테러를 당하기도 했고, 일본 국가인 기미가요와 군가를 학생들에게 가르치지 않는다는 이유로 매일 일본 순사가 찾아와 감시하는 등 고초를 겪기도 했다.

김법린은 다솔사에서 김정설도 다시 만났다. 김정설은 김동리의 친형으로 일반인들에게 알려진 인물은 아니지만, 한국 최고의 천재이자 사상가로 꼽힌다. 김정설은 19세가 되던 해인 1915년 백산상회의 기미육영회 첫 장학생으로 일본에 유학하여 도요東洋대학에서 동양철학을 전공했다. 이후 노자에서 칸트까지 동서양 철학을 공부했고, 일본 학자들과 폭넓게 교류

1914년 부산 중구 동광동에 설립한 백산상회

할 정도로 학문이 뛰어났다. 25세에 귀국하여 불교 중앙학림에서도 강의했던 그는 전국 사찰을 다니면서 고승들에게 불교의 진리를 묻고 수행에도 힘쓰는 등 불교철학의 권위자로 인정받았던 동양철학자였다. 김정설은 일제에 저항하다 주요 사상범으로 낙인 찍혀 일거수 일투족을 일본 경찰의 감시를 받았지만, 부산으로 거처를 옮기면서 부산 동래경찰서 옆으로 이사 할 정도로 배포가 있었다.

7장

때를 기다리며
교육에 힘쓰다

때를 기다리며
교육에 힘쓰다

다솔사를 중심으로 많은 사람들이 왕래하며 교류 관계를 이어갈 수 있었던 것은 주지 최범술 덕분이다. 1916년 13세에 사천 다솔사로 출가한 최범술은 3.1운동 때는 독립선언서를 등사하여 배포하는 등 적극적으로 활동하다가 일본 경찰에 체포되어 고초를 당했고, 1922년 일본 다이쇼大正 대학 불교학과에 입학한 후 근대 불교학을 공부하며 많은 독서를 통해 사회과학에서 자연과학에 이르기까지 이해의 폭을 넓혔던 근대적 학승이자 동양철학의 권위자로 평가받았다.

최범술은 일본에서 공부할 때인 1923년 박열朴烈(1902~1974) 등 일제에 불만을 품은 조선인들과 함께 불령선인사不逞鮮人社를 조직하여 기관지 『불령선인지』를 간행했고, 박열의 일왕日王 암살 계획을 지원하기 위해 상해로 잠입해 폭탄을 운반하는 등 일제에 격렬하게 저항하다 옥고를 치르기도 했다. 이후 다이쇼 대학을 졸업하고 귀국한 그는 만당 당원이 되었고, 조선불교청년총동맹 중앙집행위원장 등을 지내며 불교 혁신 활동에 참여했다.

김법린과 김정설, 최범술은 우리나라 동양학과 불교학의 태두로 인정받을 정도로 능력이 출중했다. 김정설은 최범술을 자신보다 더 뛰어나다고 평가했고, 최범술은 김법린을 수재로 평가하는 등 서로를 인정했다. 세상 사람들은 이들을 삼범三凡이라고 불렀다. 김법린과 김정설의 호가 각각 범산梵山과 범부凡父였고, 최범술의 이름에 범자가 있었기 때문이다.

세 사람은 1933년 최범술이 다솔사 강원을 개설한 뒤 김법린과 김정설에게 강의를 요청하여 다솔사에서 다시 모이게 된다. 이들 세 사람이 강의 했던 다솔사 대양루는 경남 각지에서 모인 청년학생들로 인산인해를 이룰 정도로 인기가 있었고, 다솔사 강원은 불교학만 공부하던 기존의 전통 강원과 많이 달랐다. 훗날 김정설은 "범산과 나는 다솔사에서 그곳 주지이자 동지인 최범술과 더불어 학원을 경영하였다. 범산은 틈틈이 불경과 한국역사를 교수하며 조국 정신을 고취하기에 진력하였고, 우리 셋은 도원결의를 한 것은 아닐지라도 교육을 통해 인재를 양성하며 훗날을 준비했던 마음만큼은 그에 못지않았다."라고 회상했다.

김법린은 다솔사 강원에서 강의를 하면서 기회가 있을 때마다 "현재 조선 민족의 쇠퇴와 조선 불교의 쇠퇴는 진실로 비애의 극에 달한 바 우리는 일신의 영달과 사욕을 버리고 쇠퇴해진 조선의 갱생을 목표로 하고 조선불교의 진흥을 도모하지 않으면 안된다."며 학생들에게 불교진흥과 민족의식을 고취시켰다.

세상 돌아가는 일에도 관심을 기울였던 김법린은 1936년 8월 제11회 베를린 올림픽에서 손기정 선수가 마라톤에서 올림픽 신기록을 세우며 우승하자 "조선 민족이 정신뿐만 아니라 체력에서도 우수하다는 것을 보여준 것이다. (…) 여러분들은 우리 조선의 갱생을 위해 손기정과 같은 노력을 하지 않으면 안된다."라며 학생들에게 민족 자긍심 갖고 더욱 분발해 줄 것을 당부했다.

해인사 고려장경판에도 관심을 기울인 그는 "각판刻版 문화의 최고봉으로서 우리 조선인의 기술적 능력의 우수성을 과시한 세계 무비無比의 보물이다. 여러분은 이 장경판의 기술 가운데 흐르는 우리 조선 민족의 우수성을 이해하고, 장래 조선불교문화의 재건을 통하여 조선의 부흥에 노력하지 않을 수 없다."며 학생들에게 우리 문화의 소중함과 우수성을 가르쳤다.

    수업 시간 외에도 학생들과 많은 시간을 함께 보냈던 김법린은 기숙사 훈화 시간에도 경주 지역 곳곳에 산재해 있는 찬란한 불교문화의 우수성이 세계 최고임을 강조하면서 "우수한 문화와 저력을 지닌 조선 민족은 언젠가는 반드시 독립을 이루어 내고야 말 것."이라며 우리문화에 대한 자긍심과 함께 민족의식과 독립의지를 고취시켰다.

우리말과
글에 관심을
기울이다

김법린은 강의 시간에 "조선인으로서 조선어를 모른다는 것은 조선인으로서 자각을 잃고, 조선 민족의 존재를 망각함에 이르는 것이다. 조선어의 발달은 조선 민족의 발전에 지대한 관계가 있다. 조선어의 쇠퇴는 조선 민족의 멸망을 의미하는 것이므로 조선어를 연구하여 조선의 발달을 도모하지 않으면 아니 된다."라며 우리말의 우수성과 중요성을 강조했다.

우리말과 글에 대한 그의 관심은 만해에 이어 대장경의 우리말 번역으로 이어졌다. 그는 "불교학 진흥을 위해 금석문金石文이나 사장된 자료들을 일반인에게 소개해야 한다. (…) 우리나라에는 우리나라 고유의 성어聖語가 없다. 성자聖者의 글은 모두 외국어이다. 여러분은 범어梵語·빨리어巴利語·티벳어西藏語·한문漢文을 철저히 배워 그것을 우리말로 되살려 내야 된다.

그것이 바로 역경譯經이다."라며 역경 사업의 중요성을 강조했는데, 이 작업은 단순히 학문적 성과만이 아니라 불교대중화를 위한 핵심 사업이기도 했다. 김법린이 "현대 포교의 요체는 문서에 의해서 널리 알리는 것이었으나 불경은 한문으로 되어 있어 일반인들이 읽고 이해하기가 어렵다."고 지적한 것도 그 예였다.

　　만해와 백용성 등은 일찍부터 "불교의 대중화를 위해서 불교의 사상체계를 담고 있는 경전의 한글화 작업이 필요하다."며 불경의 국역 사업에 관심을 기울였다. 하지만 한문에 토를 달아 한글로 옮긴 것과 같은 생경함과 한글로 번역하더라도 이해가 어려운 번역 기법이나 표현의 문제로 새로운 독자의 창출이나 기대 효과를 거두기 어려운 한계에 직면해 있었다.

　　기독교의 경우 불과 100여 년 전에 들어왔음에도 1882년에 이미 누가복음과 요한복음을 한글로 출판했고, 1896년에는 신약성서가 출판되었다. 그리고 1904년에는 한문식 문장을 바로잡은 『신약성서』가 간행되었고, 1911년에는 『신·구약성서』가 완역되어 출판되었다. 이처럼 성서의 한글 번역은 종교적 의미뿐만 아니라 유교식 한문 교육의 전통이 뿌리 깊었던 시기에 일종의 문자 혁명이기도 했다. 한글판 성경은 이미 1911년에 26만 부가 팔릴 정도로 당시로서는 초대형 베스트셀러가 되는 등 한글 성서가 급속도로 보급되면서 자국어에 대한 새로운 관심과 반성의 계기가 되었고, 한글에 대한 체계적인 연구와 사전 편찬 작업에도 관심을 기울이는 등 다양한 지적 자극과 관심을 불러일으킨 것도 그 예였다.

한편 김법린은 해인사 강원 시절에도 많은 사람들과 교류를 이어갔는데, 미당 서정주의 회고에 따르면 "중앙불전을 중퇴하고 해인사에 내려가 인근 학교에서 교사로 일할 때 김법린에게 프랑스어를 배웠다."라고 했다. 당시 김법린은 서정주에게 프랑스어를 가르치며 "우리는 반드시 해방이 될 터이니 절대 실망하지 말고 지금부터 공부해서 프랑스로 유학 갈 생각을 하라."고 격려했고, 서정주는 이 때 프랑스어를 배워 샤를르 보들레르·스테판 말라르메·폴 발레리 등 프랑스 시의 원전을 읽고 번역을 할 수 있게 되었다고 한다.

1936년 무렵에는 훗날 조계종 종정이 된 청년 성철도 만났다. 2015년 3월 4일자 〈법보신문〉에 따르면 "청년 시절 성철은 김법린과의 만남에 대해 '상당히 인상적이었다'고 기억하는데, 해인사 강원의 저명한 강사였던 김법린은 젊은 성철이 독학으로 상당한 수준의 불교 지식을 지니고 있다는 이야기를 듣고 일부러 시간을 내어 그를 만나 이것저것 물어 보았다. 그리고 불교에 대한 상당한 지식과 확신, 그리고 불교의 핵심을 꿰뚫고 있는 청년 성철의 답변을 듣고 더욱 그를 주목하게 되었다."고 한다. 아마도 교학과 대중불교운동에 관심을 기울였던 김법린에게 불교에 대한 이해가 깊었던 성철과 같은 젊은이가 필요하다고 판단했던 것으로 보인다. 이후 김법린은 청년 성철이 책을 좋아하는 것을 알고 불서佛書를 빌려주면서 함께 교학을 공부할 것을 권했으나 청년 성철은 "저는 마음을 깨치러 왔습니다."라며 김법린의 제안을 정중하게 거절했다고 한다.

다시 범어사로
돌아오다

1937년 1월 김법린은 동래 범어사 불교전문강원 원장 겸 강사로 취임하여 범어사로 자리를 옮겼다. 김법린은 이곳에서 6년 동안 불교학과 함께 영어, 역사 등을 강의하면서 기회가 있을 때마다 "우리 역사를 잊지 말아야 한다."고 강조했고, 거북선을 만들어 왜군을 격파하고 나라를 지킨 이순신 장군의 충절을 소개하는 등 국가를 위기에서 구해낸 역사적 인물들의 활약상을 소개하며 장차 항일운동의 주역이 될 인재 육성에 열정을 쏟았다.

　　당시 그에게 수업을 들었던 김태근은 "학생들과 숙식을 같이 하면서 주로 영어와 역사를 가르쳤고, 우리 민족이 반드시 독립을 쟁취할 수 있다고 열정적으로 강의하며 제자 개개인이 가지고 있는 재주를 부지런히 갈고 닦아 독립운동에 쓸 수 있도록 격려해 주었다."고 회고했다. 또 광복 후 부산시 교육감을 지낸 이윤근은 "내 생애에 탁월한 식견과 애국심으로 모두에게 존경의 대상이었던 훌륭한 분을 스승으로 모셨던 것은 큰 복이었다. 수업 중에는 교실 밖에 보초를 세우고 일본인의 눈을 피해가며 우리말로 민족정신을 가르치신 분이었다."라며 김법린이 학생들에게 각자의 장점들을 잘 계발해서 독립운동의 밑거름이 되도록 격려하며 헌신적으로 강의하던 당시의 수업 분위기를 전했다.

그러나 김법린이 범어사에서 활동하던 1930년 대 후반은 일제가 중일전쟁에 이어 태평양 전쟁을 일으켜 전시 체제로 돌입하며 그들의 침략 전쟁에 한국인을 동원하는 등 탄압과 착취가 더욱 극심해졌다. 1936년 '조선사상범보호관찰령'을 공포하여 민족운동을 하는 인물들을 요시찰 인물로 항상 감시하였고, 1937년 항일민족주의 단체 수양동우회修養同友會 회원 탄압과 1938년 흥업구락부興業俱樂部 회원의 대대적 검거 등이 그 예다.

이 무렵 김법린에게도 시련이 닥쳤다. 1938년 11월 만당이 일본 경찰에게 발각되어 서울·사천·진주·합천·해남·양산 등지에서 6차례에 걸친 검거 선풍이 일어난 것이다. 배후자로 지목된 만해도 검거되어 서대문형무소에 투옥 되었고, 김법린은 다솔사에서 동지들과 함께 체포되었다. 당시 상황을 이용조는 "1938년 연말쯤 진주경찰서 고등계에서 신분조사 의뢰가 있다면서 길림경찰서 형사가 찾아왔다. 까닭을 몰랐는데 나중에 알고 보니 만당이 발각되었는데, 김법린·장도환·최범술·박근섭 등 여러 동지들이 주동 인물로 이미 작고한 조학유를 내세웠고, 만당 관련 자료 등 기록이 전무했으므로 검거를 면할 수 있었다. 밀고를 한 사람도 당원 외 인물로, 동지의 배신이 아니었음은 불행 중 다행이었다."라고 회고했다.

이처럼 불행 중 다행이라면 만당이 발각된 것은 당원이 아닌 외부자의 밀고였고, 기록도 남기지 않았을뿐만 아니라 검거된 만당 당원 모두 이미 사망한 조학유를 주동자로 내세우며 철저하게 비밀결사조직의 원칙을 지켰다는 점이다. 때문에 만당의 전모를 파악할 수 없었던 일본 경찰은 사건을 마무리할 수밖에 없었고, 3개월 동안 수감되어 고초를 겪기는 했지만 만해와 김법린을 비롯해 최범술·장도환·박근섭 등도 증거불충분으로 정식 재판을 받지 않고 풀려났다.

혹독한 고초를 겪고 3개월 만에 풀려난 김법린은 다시 범어사로 돌아왔다. 이때가 1939년이었다. 그리고 그해 8월 29일 다솔사에서 만해와 제자들이 모여 만해의 회갑모임을 가졌다.

아마도 만당 사건으로 고초를 겪은 서로에게 위로하는 마음이 더 컸을 것이다.

범어사 불교전문강원 제16회 대교과
졸업기념(1941.3.5)
사진 아랫줄 가장 오른쪽이 김법린.

조선어학회
사건에
연루되다

김법린은 강원에서 다시 강의했으나 일본 경찰의 감시는 계속되었고, 1942년 이른바 조선어학회 사건으로 다시 체포된다. 일제는 연행자들을 혹독하게 고문하며 허위 자백을 강요하는 등 처음부터 이 사건을 집요하게 파헤치며 의도적으로 확대 시키려고 했다.

    1940년대에 들어서면서 일제의 민족말살 정책은 극에 달했다. 1941년에는 민족정신이 강한 한국 사람을 사상범으로 분류하고 탄압하기 위해 '조선사상범 예방 구금령'을 공표한 것도 그 예였다. 이 법은 독립운동이나 민족계몽운동을 한다는 의심만으로도 한국인을 마음대로 구속할 수 있었다. 그리고 각종 노력 동원에 시달려야 했던 학생들도 정상적인 학교 교육을 받기 힘들어졌고, 소위 국민총력동맹과 임전보국단 등을 만들어 민족지도자들을 전향시킨 뒤 친일 여론을 환기시키고 동족에 대한 혐오감을 강조하며 오로지 일왕에 충성하는 황국신민을 만들기 위해 광분했다.

일제는 민족 자체를 말살하기 위해 이름까지도 일본식으로 바꿀 것을 강요했고, 우리말과 글에 대한 교육을 단계적으로 폐지하며 한국어로 된 신문과 서적의 출판을 금지했다. 그리고 1942년 5월 1일부터 국민총력조선연맹 내에 일어전해운동본부를 설치하고 지방의 각 도부군道府郡에도 지부를 두어 강습회를 실시하면서 참여한 사람들에게는 물자 배급을 했다. 그러나 참여하지 않는 사람은 경찰서에 호출하여 혹독하게 다루었다. 뿐만 아니라 일어 상용운동을 벌이면서 '가정 국어화' '생활 국어화'를 강요하는 등 조선어 말살을 위한 일제의 압력이 최고조에 달했다. 따라서 한글 사용과 보급운동을 벌였던 지식인층은 일제의 눈에 가시였고, "일벌백계의 표본을 보여 주겠다."고 벼르던 일제는 한글 학자를 겨냥하여 조선어학회 사건을 일으켰던 것이다.

우리말과 글에 대한 관심과 연구는 이미 일제의 침략이 구체화 되던 1900년을 전후한 시기에 주시경周時經(1876~1914)을 중심으로 시작 되어 뿌리를 내렸고, 이후 조선어학회가 결성되어 보다 체계적인 연구와 활동으로 이어졌다. 조선어학회는 일제의 감시와 통제 그리고 재정 부담 등 많은 제약으로 침체를 반복하면서도 사립 교육 기관에서 쓰던 한글교재 보급과 동화책 등 관련 도서 간행과 회원들이 전국을 순회하며 한글 보급 운동에 앞장서는 등 다양한 사업을 추진했다.

이후 조선어학회는 1929년 1월 이극로가 독일 유학을 마치고 귀국하여 곧바로 조선어 교육 상황을 조사하는 등 한글 연구와 보급을 위해 적극적으로 활동하면서 다시 탄력을 받았다. 특히 이극로는 귀국 전부터 계획했던 한글사전 편찬을 실행에 옮기면서 1929년 10월 각계 인사 108명이 모여 조선어사전편찬회를 결성하고 한글사전 편찬에 본격적으로 나섰다.

이극로 보다 1년 정도 일찍 귀국하여 활동하던 김법린도 조선어학회에 가입하여 한글 연구와 보급을 통한 문맹퇴치운동에 적극적인 관심을 기울였고, 조선어사전편찬회의 준비위원으로 참여하여 프랑스어와 불교 용어의 심의와 자문을 맡았다.

김법린이 우리말 사전 편찬에 적극 참여한 이유가 있었다. 김법린과 이극로는 1927년 벨기에 브뤼셀에서 세계 피압박민족대회에 참석했던 인연도 있었지만, 김법린은 초기 불교학을 공부하면서 불교 언어에 대한 소양을 갖춘 학자였고, 외국에서 공부하며 모국어의 중요성을 경험했다. 그리고 일반인들이 보는 불교 경전과 포교 등 불교 대중화에 관심을 기울였던 그에게 우리말 연구와 보급은 무엇보다도 중요한 과제였고 동시에 독립운동이었던 것이다.

조선어학회사건 수난자동지회와
함께한 김법린.
(가운데 줄 오른쪽 세 번째)

8장

다시 투옥되어
모진 고문을
당하다

우리말 사전
편찬에 참여하다

일제는 강제병합 후 한국인에게 일본어 교육을 강화하여 식민지 동화정책을 일관되게 강요했다. 하지만 동화정책은 '한국인의 문화와 생활을 일본인 수준으로 끌어올려 윤택하게 만든다.'는 뜻이 아니라, 한국인을 일본말을 할 줄 알게 만들어 일본인이 부리기 좋게 하려는 목적이었다. 때문에 김법린은 평소 학생들에게 "우리말의 쇠퇴는 민족의 멸망을 의미한다."고 강조했고, 한글사전 편찬은 단순한 학술적 성과나 우리 고유 문화를 유지하고 보존하는 의미뿐만 아니라 일제의 민족문화 말살 정책에 대항하여 민족정신을 신장하고 앙양시키는 민족의 독립과 직결되는 문제였다.

그러나 사전 편찬 작업은 많은 난관에 부딪혔다. 특히 경비 문제와 사전 편찬을 위한 기초 작업이 하나도 되어 있지 않앉다는 점이 가장 큰 문제였다. 이에 조선어학회에서는 재정 확보와 함께 사전 편찬의 기초가 되는 맞춤법 통일과 표준어 및 외래어 표기법 등 국어의 제반 규칙을 연구하여 정리하는 작업에 먼저 착수했다.

이때의 작업 과정이 2019년 1월 개봉하여 주목을 받았던 영화 '말모이'다. '말모이'는 순우리말 '말을 모아 만든

조선어학회 구속 사건을 다룬 영화 '말모이'

것'이라는 뜻으로 사전을 의미한다. 그러나 영화가 모두 사실은 아니다.

예를 들면 원고 작성을 위한 모임이 철저하게 비밀리에 이루어진 것은 아니다. 당시 사투리 수집을 위해 별도로 중등학생과 소학교 교원 5,000여 명이 참여했고, 1933년 조선어학회는 지역별로 73명의 위원을 선발해서 1935년 1월부터 이듬해 8월까지 충남 아산과 서울, 인천에서 각각 한 번씩 세 차례의 독회를 진행했다.

또한 영화에서는 사환으로 일하던 김판수(유해진)가 원고 뭉치를 서울역 부근의 창고에 숨긴 뒤 최후를 맞았지만, 김판

수는 가공 인물이다. 그러나 광복 후 서울역 부근의 창고에서 기적과 같이 원고 뭉치를 발견한 것은 사실이다. 당시 원고 뭉치는 조선어학회 사건의 재판 증거물로 홍원과 함흥으로 옮겨 다니다가 상고심 재판의 증거물로 경성고등법원으로 이송 중, 경성역까지 운송되었을 때 일제가 패망하자 그대로 창고에 방치한 채 물러갔던 것이다. 이후 원고 뭉치는 갈 곳이 없어진 화물들과 함께 창고에 쌓여 있다가 1945년 9월 8일 지금의 서울역 조선통운 창고를 점검하던 역장이 수취인이 고등법원으로 된 가방을 발견하면서 세상에 공개됐다.

조선어학회 관계자들은 항일운동단체인 수양동우회와 흥업구락부 사건 그리고 의친왕을 상해로 망명시키려다 발각된 대동단 사건에 연루되는 등 늘 요시찰 대상이었다. 1936년 10월에는 표준어 사정 결과 발표회에서 안창호가 "조선 민족은 선조로부터 계승해 온 모든 것을 잊어버리고 결국은 국가까지 잊어버렸다. 다만 조선어만을 보유한 상태이므로 이것의 보급과 발달에 힘쓰지 않으면 안 된다."고 축사하여 일제를 긴장시켰고, 이후 조선어학회가 개최하는 모든 집회가 금지당하는 등 감시와 통제를 강화하게 된다.

상황이 급변하게 되자 사전 편찬위원들은 밤을 세워 원

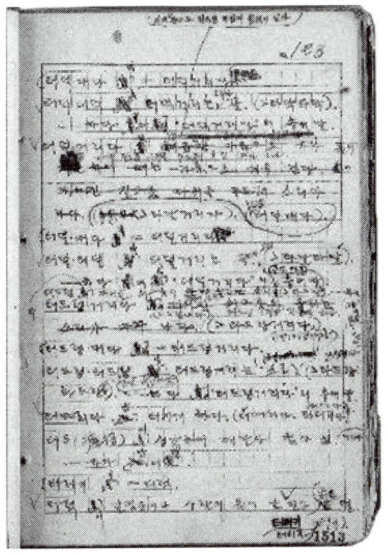

조선어학회에서
조선말 사전 편찬을 위해
1929년부터 1945년 해방 전후까지
작성한 원고.
국가등록문화재였다가
2020년 보물 제2086호로
승격됐다.
조선어학회 사건 증거물로
일본 경찰에 압수되었다가 1945년
9월 서울역 조선통운 창고에서
발견되었다.

고 작업을 하며 사전 편찬을 서둘렀다. 일반인들도 관혼상제 비용을 절약해서 후원하는 등 모두의 노력으로 사전 편찬 작업을 이어갈 수 있었다. 작성된 원고를 지키기 위한 노력도 치밀하게 이루어졌다. 원고를 빼앗기거나 잃어버릴 경우에 대비해 두 부씩 작성해서 먼저 끝난 원고는 대동출판사의 협조를 받아 인쇄소에 넘겼다. 그리고 1942년 4월, 어려운 상황에서도 인쇄소에서 16만 개에 달하는 우리말 어휘의 뜻풀이가 담긴 『조선말 큰 사전』이 인쇄에 들어갔다. 그런데 인쇄가 한창 진행 중이던 1942년 10월 뜻밖의 사건으로 조선어학회 관계자들이 줄줄이 체포되면서 사전 편찬은 물론 조선어학회 활동이 결정적인 타격을 입게 된다. 이른바 조선어학회 사건이 터진 것이다.

전국에서
검거 선풍이
일어나다

사건의 발단은, 1942년 9월 5일 조선어학회에서 일하던 한글학자 정태진丁泰鎭(1903~1952)이 경찰에 붙잡혀 취조 받게 되면서 시작된다. 당시 정태진의 체포 경위는 몇 가지 설이 전하며 관련자 이름도 동일하지 않을 정도로 많은 사람들이 영문도 모른 채 급작스럽고 동시다발적으로 체포가 이루어졌다. 이 사건은 관련자들의 증언과 1945년 10월 10일 〈매일신보〉, 1970년 8월 7일 〈조선일보〉 등에 따르면 크게 두 가지설로 정리할 수 있다.

첫 번째 설은 1942년 8월 여름방학 때 함남 함흥에서 홍원으로 가는 통학 기차 안에서 시작된다. 당시 함흥 영생고등여학교 학생 박영옥이 한국말로 친구들과 대화를 나누는 것을 옆에 있던 일본 경찰 야스다(安田稔)가 들었다. 본명 '안정묵'으로 조선인이었던 야스다는 여학생들을 연행하여 홍원경찰서 유치장에 가두고 취조했다. 고문을 이기지 못한 박영옥은 "서울에서 사전 편찬을 하고 있는 정태진이 영생여고보 교사로 근무할 때 수업 시간에 학생들에게 민족주의 감화를 주었다."고 진술했다. 이에 홍원경찰서는 9월 5일 정태진을 연행하여 고문하며 취조했고, "조선어학회가 민족주의 단체로 독립운동을 목적으로 하고 있다."는 허위 자백을 받아내어 사건이 확대 된다.

두 번째 설은 일제가 대동아전쟁을 일으킨 다음 해 어느 날, 함흥 홍원역 앞에서 시작된다. 친구 지창일을 기다리고 있던 박병엽을 수상하게 여긴 홍원경찰서 소속 조선인 형사 안정묵이 불심검문을 했다. 일본 유학생이었던 박병엽은 지역 유지의 아들로, 검문에 퉁명스럽게 응대하자 경찰서로 연행하고 집까지 수색했다. 그러나 특별히 수상한 단서를 찾지 못한 형사들은 그 집에 살고 있던 함흥 영생고등여학교 학생 박영희의 일기장을 뒤져 일본어로 쓰여진 "국어를 상용常用하는 자를 처벌하였다."는 내용을 발견하고 "왜 국어를 썼는데 혼이 났느냐?"고 추궁했다. 당시 국어는 일본어를 의미했기 때문이다. 그러나 박영희는 "국어가 조선어인 줄 알고 그랬다."고 변명했다. 하지만 형사들은 여학생을 경찰서로 끌고 가서 고문을 하며 취조했고, 결국 고문을 이기지 못한 여학생의 입에서 정태진이라는 이름이 나오면서 사건은 걷잡을 수 없이 확대된다.

정태진은 미국 유학을 마치고 귀국하여 영생여고보 교사로 근무하다가 사건 당시에는 조선어학회 사전편찬위원으로 일하고 있었다. 홍원경찰서는 경성에서 정태진을 붙잡아 연행하여 혹독하게 고문하며 "수업시간에 민족주의를 고취했고, 조선어학회는 민족주의 단체로 비밀리에 독립운동을 한다."는 허위 자백을 강요했다. 형사들은 "잘 하면 큰 공을 세울 수 있겠다."는 공명심이 발동했고, 홍원경찰서는 경성에 형사대를 급파하여 조선어학회 사무실을 수색하며 온갖 꼬투리를 잡아 대대적인 검거에 나섰다.

그 결과, 1942년 10월 1일 이극노 등 조선어학회 회원 11명을 구속하여 함흥과 홍원으로 압송했고, 범어사에 있던 김법린은 10월 19일 동래에서 구속되어 홍원경찰서로 넘겨지는 등 다음해 3월 6일까지 김천·경성·부산·광양 등 조선어학회 관계자들의 직장과 거주지에서 17명이 붙잡혀 홍원경찰서로 넘겨졌다. 그리고 수사 과정에서 50여 명이 소환되어 조사를 받았다.

일제는 조선어학회 관계자들의 죄를 꿰맞추기 위해 혹독한 고문을 하며 "조선어 사전을 편찬하는 목적은 어디 있느냐? 조선어사전 편찬은 장래 조선 독립을 목적으로 하는 것이 아니냐? 일본말을 사용하는 시대에 한글을 연구하고 보급하는 것은 조선 문화의 향상과 민족의식을 높여 유사시 조선 독립을 도모하는 것이 아니냐?" 등 독립운동과 연결시키며 집요하게 추궁했다.

혹독한 고문이
계속되다

형사들은 조선어사전편찬회 지침서에 있는 '조선민족의 갱생'이라는 문구와 사전 원고에 있는 태극기, 백두산, 단군이라는 단어도 독립운동과 관계가 있다고 시비를 걸었다. 심지어 주병훈·안정묵·김건치 등 조선인 일본 형사들은 "경성에 관한 풀이가 어째서 동경에 관한 풀이보다 길게 되어 있느냐?"고 억지를 부리며 1년 가까이 구속자와 증인으로 소환한 사람들을 심문하고 가혹한 학대를 하며 허위 자백을 강요했다.

권승옥은 1949년 『민성』 4월호에 '조선어학회 수난의 회고'에서 "여러 날을 굶주려 파리해졌다. 형사는 나를 끌고 가며 '바른 대로 말 안하면 죽인다.'고 윽박질렀다. 그러나 아무 감각 없이 돌처럼 그저 끌려갈 뿐이다. 취조실에 들어섰다. 형사 7~8인이 늘어앉아 있었다. 마치 백정처럼 살기를 띠고 '어학회의 목적이 무엇이냐?' '이극노하고 한 이야기를 말하라.'며 밑도 끝도 없는 말로 물었다. 나는 '학술 연구기관이다. 학술 문제 외에는 한 말이 별로 없다.'라고 대답했다. 그러자 '요 녀석 무엇이 어째!' 하고 뺨을 후려갈겼다. 눈에 불이 번쩍하며 정신이 아찔해졌다. 그런 식으로 물으니 그와 같이 대답할 뿐이었다. 그 밖의 것은 모른다고, 없다고 시종 부인하거나 함구를 했다. 여러 사람이 잡혀 왔으니 잘못하다가는 걸리기 쉬울 듯 해 될 수 있는 대로 말을 않기로 결심하였기 때문이다."라고 당시의 살벌한 분위기를 회고 했다. 그리고 온갖 고문으로 죽기 일보 직전까지 갔던 정인승 鄭寅承(1897~1986)은 "잔인한 고문에 쾌감을 느끼고, 능숙한 고문 솜씨에 스스로 긍지를 느끼는 그 악랄한 무리들은 선량한 약자들을 마치 잡은 쥐를 놀리는 잔인한 고양이처럼 갖가지 방법으로 고문했다."고 형사들의 만행을 증언했다.

  홍원경찰서에서는 고문을 받다 기절하면 다시 깨워 고문했다. 그러다 혹시 사망하면 책임이 돌아올까 우려하며 강심제도 놓고, 가끔은 사식도 허락하며 고문과 취조가 이어졌다. 조선어학회 관계자들은 고문을 이겨내며 버텼지만 홍원경찰서는 사전 편찬 관련자와 재정을 지원하는 등 협력한 사람들까지 모두 33명을 '치안유지법'의 내란죄를 적용하여 함흥형무소로 이송했다.

함흥형무소에는 한국인 1천여 명이 독립운동을 했다는 혐의로 갇혀 있었고, 이들은 대부분 함흥형무소로 오기 전에 이미 심한 고문을 받아 건강이 악화되어 있었다. 여기에 겨울 추위가 매서웠던 함경도에서도 형무소의 추위는 더욱 혹독했고, 전세가 불리해 지면서 식량난이 심해지자 형무소 식사는 갈수록 더 형편이 없었다.

형무소에서는 이전 보다 더 심한 고문도 이어졌다. 조선어학회 사건 관련자들은 다른 사람과 진술이 엇갈린다며 몽둥이나 죽도로 두들겨 맞는 것은 기본이었고, 코에 물을 부어 물 먹

1942년 당시의 흥남비료공장.
함흥형무소에 수감됐던 독립운동가들은 이곳에서 노동력을 착취당했다.

이기, 공중에 매달고 몽둥이로 때리기, 비행기 태우기, 메어 차기, 난장질하기, 불로 지지기, 개처럼 사지로 서기, 얼굴에 먹으로 악마 그리기, 동지끼리 서로 뺨 때리게 하기 등 온갖 방법을 동원하여 참을 수 없는 고통과 모욕감을 주며 자백을 강요했다. 훗날 이희승李熙昇(1896~1989)은 『조선어학회사건 회상록』에서 형무소에서 매일 반복됐던 야만적인 고문에 대해 "아무리 혀를 잘 놀려 표현할지라도 그 진상은 전할 도리가 없고, 더구나 붓끝으로는 그 몇 십 분의 1, 몇 백 분의 1도 그려 낼 수가 없다."라고 증언할 정도였다.

  이처럼 추위와 영양실조 그리고 고문으로 사망자가 매일 발생할 정도로 함흥형무소 생활은 그야말로 생지옥이었다. 당시 사망자를 운반하는 청소부들은 달그락 거리는 소리가 나는 나막신을 신고 일을 했는데, 이희승은 "나막신 소리가 들리면 소름이 쪽쪽 끼쳐 오를 지경이었다. 어떤 날은 나막신 소리가 하루에도 몇 번씩 들려올 때도 있었다."며 당시의 분위기를 회고했다.

사망자까지 발생하다

조선어학회 사건 관련자 가운데 이윤재李允宰(1888~1943)가 1943년 12월 8일 옥중에서 세상을 떠났고, 몇 달 후인 1944년 2월 22일 한징韓澄(1886~1944)이 뒤를 이었다. 그리고 이인李仁(1896~1979) 변호사는 고문 중에 엄지손가락을 뒤로 잡아 젖히는 바람에 엄지와 검지 사이가 찢어져 버려 손가락을 제대로 펼 수 없게 되었고, 27세의 청년 장현식은 혀에 대못을 박는 만행을 당해 평생 말을 더듬어야 했다. 이들의 출옥 광경을 목격한 전 연세대 이근엽 교수의 증언에 따르면 "한 분은 들것에 실려 나오고, 한 분은 다리에 상처를 입고 쩔뚝거리고 나왔는데 그 모습이 너무 처참하였다."고 할 정도로 대부분 반신불수가 되어 있었다.

김법린 역시 홍원경찰서에서부터 형사들에게 매일 불려 나가 혹독한 고문과 취조를 당했다. 그의 재판 기록에 따르면 "1929년 1월 이래 불교를 통해 조선 문화 향상을 도모함으로써 조선독립을 위한 실력 양성을 결의하고, 당시 쇠퇴 일로를 걷고 있던 조선불교의 통일진흥을 도모하고자 노력하였으나 뜻을 이루지 못하였다."며 불교 개혁을 위한 김법린의 활동을 문제 삼았다. 또 "불교강원 시절 장래 불교계를 짊어져야 할 청소년 불교도들에게 민족적 교양을 베풀어 소기의 목적을 달성시킬 것을 결심하고 1934년 1월경부터 1935년 9월경까지 수업시간을 이용해서 학생 10여 명에게 '옛 조선의 고승들은 중국으로부터 전래된 불교에 조선의 민족적 문화 환경을 가미한 순조선민족적 불교로 포교한 까닭으로 조선불교의 흥륭興隆을 초래하였는데, 여러분들은 그러한 고승들의 정신을 자기의 정신으로 하고 금일 쇠퇴해 찌그러져가는 조선불교를 부흥시켜서 조선의 향상을 도모하지 않으면 안된다'라고 가르쳤다."는 등 세세한 행적들까지 모두 죄에 적용했다.

형사들은 15년 전 김법린에게 벨기에 브르쉘에서 열린 약소민족회의에 참석해 달라는 편지와 함께 여비를 모금해 보냈던 일도 문제 삼으며 "당신이 프랑스 파리대학에 유학할 때 반제동맹에 참석한 목적이 무엇인가?"라고 따졌고, "다솔사와 범어사 불교전문강원에서 학인들에게 민족의식을 고취하지 않았는가?" "조선어학회는 왜 가입했는가?" 등을 심문하며 고문했고, 모든 것을 조선어학회와 연관 지었다.

이렇게 1년 가까이 홍원경찰서에서 옥고를 치른 김법린은 1943년 9월 이극노 등 16명과 함께 함흥지방법원 검사국에 기소되어 함흥형무소로 이감되었고, 재판을 기다리는 동안에도 혹독한 고문을 당하며 허위 자백을 강요받았다.

조선어학회 사건은 33명이 체포되고 16명이 기소되었다. 이들 가운데 이윤재와 한징 등 2명이 옥사했고, 장지영張志暎(1887~1976)과 정열모鄭◯模(1895~1968)는 공소시효 소멸로 석방되어 김법린 등 12명이 본심에 회부되었다. 당시 '치안유지법'의 내란죄를 적용한 이들의 기소장에는 조선어학회를 민족운동단체로, 그리고 기소된 관련자들은 조선독립운동에 참여한 죄를 적용하여 다음과 같이 기록되어 있다.

"조선어학회는 대정大正 8년(1919) 만세소요사건의 실패에 비추어, 조선의 독립을 장래에 기약하는 데는 문화운동에 의하여 민족정신의 환기와 실력 양성을 급무로 삼아서 대두된 소위 실력양성운동이 그 출발의 봉오리였음에도 불구하고 드디어

용두사미에 그쳐서 그 본령을 충분히 발휘 하지 못하였더니, 그 뒤를 받들어 소화昭和 6년(1931) 이래로, 피고인 이극로를 중심으로 하여 문화운동 중 그 기초적 중심이 되는 위에서 말한바 어문운동의 방법을 취하여 그 이념으로써 지도 이념을 삼아가지고 겉으로 문화운동의 가면을 쓰고 조선독립을 목적한 실력 양성단체로서, 본 건이 검거되기까지 10여 년이나 오랜 동안 조선 민족에 대하여 조선의 어문운동을 전개하여 온 것이니 시종일관 진지하고 변치 않은 그 활동을 조선어문에 쏠리는 조선 인심의 기민機敏에 부딪쳐서 깊이 그 마음속에 파고들어 조선어문에 대한 새로운 관심을 일으키고, 여러 해를 거듭해 내려오며 편협한 민족 관념을 북돋아서 민족 문화의 향상, 민족의식의 앙양 등 그 기도하는 바 조선독립을 위한 실력 신장의 수단을 다하지 아니한 바가 없다."

밥 먹는 것도 독립운동이냐!

조선어학회 사건은 1944년 12월 21일부터 함흥지방재판소에서 재판이 시작되어 9회에 걸쳐 진행되었고, 모든 것을 독립운동에 끼워 맞추려고 했다. 이에 이인 변호사가 재판장에서 "밥먹는 것도 독립운동이냐?"고 따지자 이 사건의 조작 책임자였던 함흥검사국 차석검사 아오나야기(淸柳五郞)는 "밥 먹고 기운 차리면 독립운동 하겠지."라고 비아냥거렸다. 그리고 1945년 1월 16일 니시다 시요오고(西田勝吾) 주심으로 최종 선고를 내려 이극로 징역 6년, 최현배 징역 4년, 이희승 징역 2년 6개월, 정인승과 정태진 징역 2년 그리고 김법린·이중화·이우식·김양수·김도연·이인은 징역 2년에 집행유예 4년, 장현식은 무죄 판결을 받았다.

사건을 확대시키기 위해 혈안이 되었던 일제의 조작에 의해 조선어학회 관계자들에게 내려진 형량은 중형이었다. 조선어학회에서 직접 활동한 사람들에게 내려진 2년에서 6년은 국가전복에 적용하는 형량이었고, 조선어학회와 관련된 김법린 등 집행유예로 풀려난 7명도 이미 1년이 넘는 수감생활을 했다. 그럼에도 이 사건은 일제의 의도대로 마무리되지 못했다. 대못을 혀에 박히는 고문을 당했던 장현식은 무죄를 선고 받았고, 모진 고문을 당하면서도 굴복하거나 타협을 시도한 배신자가 한 명도 나오지 않았다. 때문에 원하는 답을 받아내지 못한 것이 불만이었던 재판장까지도 선고 직후 이인에게 "당신에게 이 정도는 약과다. 그동안 무료 변론 한다고 쫓아다니며 얼마나 귀찮게 굴었느냐?"고 대놓고 힐난했다.

이후 실형을 받은 5명 가운데 정태진은 복역을 마치는 것이 오히려 상고보다 빠르다고 판단하여 상고를 포기하고 만기 출옥했다. 나머지 4명은 판결에 불복하여 바로 상고했으나 같은 해 8월 13일자로 기각되었고, 이틀 뒤인 8월 15일 옥중에서 광복을 맞았다. 그리고 8월 17일 함흥형무소에서 풀려나게 된다.

한편 구속된 김법린에게 꽃다발을 주며 "장부의 기개를 잃지 말고 꿋꿋이 싸우라."고 격려했던 만해는 1944년 자리에 누워서도 "범산(김법린)이 감옥에서 고생하는데 나 혼자 뜨거

운 밥을 먹자니 마음이 아프다."며 눈물을 흘렸다는 이야기도 전한다. 그러나 만해는 끝내 일어나지 못하고 1944년 6월 세상을 떠났고, 수감되어 있던 김법린은 스승의 빈소를 찾지 못했다.

집행유예를 받은 김법린은 1945년 1월 함흥형무소에서 풀려나 범어사로 돌아왔다. 그러나 그가 원장으로 있었던 범어사 강원은 조선어학회 사건으로 폐교되었고, 일제의 감시와 통제가 더욱 엄해졌다. 몸과 마음이 만신창이가 되어 우선 요양이 필요했던 김법린은 범어사에서 몸을 추스르면서도 "일본에 대한 우리의 투쟁은 우리를 자유의 삶으로 인도할 최후의, 그리고 유일한 방법이라는 것을 우리 모두는 너무도 잘 알고 있다. 일본이 한국에서 물러나거나 우리 한민족이 불행과 배고픔 그리고 죽음의 나락에 떨어지는 일, 이 둘 중의 하나가 남아있을 뿐이다."라며 독립운동에 대한 의지를 꺾지 않았다. 그는 청년들의 교육 사업에 관심을 기울이며 사람들과의 교류를 이어갔고, 나날이 미쳐가는 일제의 행태를 주시하면서 돌아가는 국내외 정세 파악에도 관심을 기울였다. 이때 그의 나이 47세로 중년이 되어 있었다.

김법린은 범어사로 돌아온 지 7개월 만인 1945년 8월 15일 광복을 맞이했다. 하지만 마냥 기뻐하고만 있을 수 없었다. 일제의 식민 지배를 청산하고 새로운 국가의 기틀을 세워야 하는 등 해야 할 일들이 산적해 있었기 때문이다.

9장

범어사에서
광복을
맞다

서울로 상경하다

김법린은 광복 직후 부산에서 김정설 등 동지들과 함께 건국 방책 등 정부 수립 대비책을 논의하고 '일오구락부'를 결성하는 등 바쁘게 움직였다. 일오구락부는 8.15에서 일(1)과 오(5)를 따온 것이다. 그리고 지체할 시간이 없다고 판단한 그는 광복 3일 만인 8월 18일 동지들과 함께 서울로 상경했다. 그는 먼저 선학원으로 가서 35명의 뜻 있는 승려들과 상의했다. 이 자리에서 1941년 4월 창설된 조선불교조계종을 장악하고 있던 친일파들로부터 교단을 접수하자는 논의가 이루어졌고, 다음날 종무원으로 가서 일본식 낙자 가사를 입고 앉아 있던 종무원장 이종욱李鍾郁(1884~1969)과 세 명의 부장들로부터 종권을 인수했다.

이처럼 김법린이 종권 인수에 직접 나서고, 신속하게 접수할 수 있었던 이유는 첫째, 불교계 정상화를 위해서는 종권 인수가 무엇보다 중요하다는 인식을 공유하고 있었고 둘째, 일제의 혹독한 식민 지배 하에서 교활한 회유책에 빠져 일제에 협조한 변절자 불교 인사들이 많았다. 때문에 '불교계의 신망을 받는 사람이어야 현 불교계 사태를 수습할 수 있는 대표성을 지닌다'는 공론에 따라 불교계 혁신에 대한 열망과 사명감이 누구보다 강렬하고, 일제강점기에 끝까지 창씨개명을 거부했으며, 여러 차례 옥고를 치르면서도 굴복하거나 타협하지 않았던 김법린이 불교계를 대표하는 독립운동가로 두터운 신뢰를 받고 있었다. 그리고 셋째, 프랑스와 일본에 유학하여 근대 불교학을 공부했고, 중앙불전을 비롯해 다솔사·해인사·범어사 강원에서 수년 동안 강의하는 등 근대 불교에 대해 뛰어난 학식을 지니고 있었던 그가 종권을 인수받아 불교계의 혼란을 수습할 수 있는 적임자로 주목받았다.

    김법린은 종권을 인수한 후 35명의 승려들과 함께 새로운 종단을 구성하기 위한 절차를 신속하게 진행했다. 그는 먼저 교계의 의견을 모으기 위해 8월 21일 태고사에서 조선불교혁신준비위원회를 조직했다. 그리고 위원장에 선임된 그는 곧바로 전국승려대회 개최 준비에 들어가 한 달 만인 9월 22일 태고사에서 대회를 개최했다.

당시는 교통 사정이 여의치 않았고, 주요 사찰들은 산 중에 위치하고 있었다. 그리고 38선으로 왕래가 자유롭지 못해 이북 지역 대표가 대부분 참석하지 못했음에도 이 대회에 초청받은 전국 각 본말사 대표 79명 중 60명이 참석할 정도로 대회는 대성황을 이루었다. 이날 회의에서는 일제강점기에 사용되었던 종명을 폐지하고, 총본산 태고사와 31본사를 해산했다. 그리고 일제에 협력하며 친일 행위를 서슴치 않았던 총무원장 이종욱에게 승권 정지 3년의 징계를 내렸다. 새 중앙 집행부도 꾸려 중앙총무원이 불교계를 총괄하고, 지방을 13개 교구로 나누어 산하에 두고 각 교구에 교무원을 설치하여 해당 지역 사찰을 관할하도록 했다. 그리고 식민지 불교의 잔재를 청산하고 불교 정책과 법규 개정, 향후 진로와 전국 불교재산 통합, 모범총림 창설, 광복사업 협조, 교헌 기초 등 주요 현안에 대한 토의가 이루어졌다.

종정은 교정敎正으로 바꾸어 박한영朴漢永(1870~1948)을 추대하고 총무원장에는 김법린이 추대되었다. 교단을 대표하게 된 김법린은 9월 24일 다솔사 주지 최범술 등 간부들을 선임하여 새로운 집행부를 구성하고 포교사 양성, 사원의 도시 진출, 교도제 실시 준비, 대장경 번역 출판, 불교 언론 기관 등 불교계 발전을 위한 구체적인 청사진도 마련했다.

　　김법린이 추진한 노선은 그동안 관심을 기울였던 근대불교학 연구 방법론에 기반 하였고, 만해의 대중불교와 대승불교에 뿌리를 두고 있었다. 만해는 비록 세상을 떠났지만 그의 정신은 여전히 살아 있었고, 성공과 실패 여부를 떠나 선구적인 시도였다.

선구적인 시도를 하다

광복 이듬해인 1946년 6월 16일에는 만해의 기일을 맞아 망우리에 있는 만해 묘소에서 첫 공식 제사를 올렸다. 당시 중앙총무원 기관지 『신생』을 발행하던 신생사와 불교청년당을 비롯해 만해의 유족과 제자 그리고 친지 등 대규모의 인원이 트럭 수십 대를 타고 참가했다. 이날 최범술은 제문에서 "선생님의 건국대강建國大綱에 즉하고 선생님의 유훈을 본받아 거듭 가던 길과 앞길을 향하여 연진불퇴蓮進不退하려고 합니다."라며 앞으로 불교계가 나갈 방향과 각오를 다짐했다.

1948년에는 1920년 말에서 1930년대 초까지 불교 개혁에 앞장섰던 조선불교청년회가 재건되어 김법린이 초대 회장에 선출되었다. 그리고 만해전집 발간 사업도 추진되었으나 6.25 한국전쟁이 발발하여 중단되고 말았다.

새로운 교단은 빠르게 체제를 갖추어 갔다. 하지만 새로운 집행부가 불교계 전체를 완전하게 장악하기에는 시간이 필요했고, 해방 공간의 정치·사회·문화 등 모든 분야가 혼란스럽고 어수선했다. 1987년 2월 11일 〈경향신문〉에서는 당시의 상황을 "광복 후 3년 동안 서울시내 간선도로는 차량보다도 시위 행렬이 더 많이 지나갔다. 서울운동장은 스포츠 관객보다 정치집회 군중을 더 많이 불러들였다. '정치'라는 이름의 대분류가 온 장안에 넘쳐흘렀기 때문이다."라고 표현할 정도였다.

불교계도 예외는 아니었다. 불교계 내에는 여전히 일제강점기 기득권 세력이 잔존했고, 한편으로는 이데올로기 등 목적과 성격이 다른 여러 불교 단체들이 출현하여 친일파 청산과 '사찰령' 철폐 및 적산 처리, 자주적 개혁 등 현안 문제와 관련하여 중앙총무원과 의견 차이가 발생했다. 대표적인 예로 광복 직후 불교계는 종무원 간부 일부를 경질하고 새로운 집행부를 구성하여 승려들의 의견을 결집해 일제 잔재를 청산하고, 하나 되는 불교 교단 수립을 위해 노력했으나 혁신 계열은 급진적 개혁을 주장하고 나서면서 점차 이데올로기에 따른 갈등과 대립으로 이어졌다.

중앙총무원은 혁신파들의 사상에 의구심을 갖기는 했

지만, 그들의 움직임을 일시적이고 과도기적 유행병으로 보았다. 하지만 인간 관계에서 다양한 사상을 지닌 사람들과 교류했던 김법린은 이데올로기의 영향을 받지 않았다. 그는 오직 계몽운동과 인재 육성 그리고 민족의 독립과 관련해 자신이 해야 할 일들을 묵묵히 실천에 옮겼다. 그를 민족주의자라고 하는 이유도 여기에 있다. 당시의 상황에 대해서도 그는 이색 문화와 갖가지 색깔의 사상들이 침입한 것으로 인식했다. 김법린은 좌익과 우익 또는 보수와 혁신이라는 관점 보다는 국가 재건에 필요한 현안 해결을 민족주의 관점에서 보았던 것이다.

반면 혁신 단체들은 혁명적인 성향의 지식인들이 모여 있었고, 이들을 중심으로 중앙총무원에 태고사를 인도해줄 것을 요구하는 등 과격하게 맞섰다. 사찰 토지 개혁에 대한 이견도 그 예였다. 토지 문제는 일제강점기에 종교를 통제하고 억압했던 '사찰령' 등 일제의 악법을 철폐하고 사찰의 재산을 보호하는 등 사찰 운영과 직접적인 관련이 있었고, 더 나아가 종교의 자유와도 연관이 있는 대단히 민감한 문제였다. 그런데 중앙총무원은 유상몰수와 유상분배 입장이었고, 혁신계는 무상몰수와 무상분배를 주장했다.

미군정의 종교 정책에 따른 토지 개혁의 입장 차이도 문제였다. 대표적인 예로 '사찰령'과 그 시행 세칙은 재산권과 인사권 등 불교의 모든 교무행정이 행정 당국의 손에 달려 있었고, 김법린은 이미 일제강점기부터 정·교분리를 주장하면서 '사찰령'을 강력하게 비판할 정도로 대단히 중요한 문제였다.

산적한 현안 해결에 나서다

1946년 3월 중앙총무원은 교무회의에서 '사찰령' 폐지를 강력히 추진하기로 결의하고, 같은 해 7월과 8월 두 차례에 걸쳐 미군정 장관에게 '사찰령'과 '사찰령 시행규칙' 등의 철폐를 요구했다. 그리고 1947년 3월 5일 김법린은 〈동아일보〉와의 인터뷰에서 "해방된 오늘에 이런 '사찰령'이 그대로 살아 있음을 잠시라도 허락할 수 없다."라며 법안의 신속한 처리를 요구했다. 그러나 미군정 당국이 이를 수용하지 않자 "종교의 자유를 저해하는 일제의 악법을 철폐하고 사찰 재산을 보호하는 제도적 장치를 마련 한다."는 취지를 내세워 원세훈 외 25명의 입법의원들의 연서를 받아 '사찰령' 등 4개 법령의 폐지를 입법의원에 제출하여 1947년 8월 8일 통과시키는 등 '사찰령' 철폐를 위해 적극적으로 나섰다.

하지만 미군정 당국은 10월 29일 "사찰 재산이라는 개념으로 일본 불교계의 막대한 적산이 조선불교라는 일개 종교 단체로 귀속될 수 있다."며 인준을 보류함으로써 '사찰령' 철폐와 막대한 일본계 사찰의 재산 인수는 어려움을 겪었다. 이에 김법린은 강한 불만을 표시했지만, 한편으로는 1945년 겨울 중앙총무위원직을 맡았을 때부터 미군정 장관 하지와 교섭을 지속하며 일본인 승려들이 머물렀던 사찰을 종단에서 인수할 수 있도록 설득하는 등 일제 잔재 척결과 새로운 불교 건설에 힘썼다.

불교계의 교육 기관에도 각별한 관심을 기울인 김법린은 혜화전문학교 재단인 조계학원을 인수하고 1945년 11월 30일 허영호를 교장으로 선임해 개교했다. 1946년 9월, 혜화전문학교가 4년제 동국대학으로 승격되면서 늘어난 입학생들을 모두 수용할 수 없게 되자 지금의 동국대학교 자리인 서울 중구 필동의 서본원사 터를 새로운 교지校地로 정하고 이전하게 된다. 1945년 12월에는 김법린이 중심이 되어 우리나라 최초로 서울 미술학교 설립을 준비하여 1946년 2월 개교했고, 같은 해 12월 제2회 중앙교무회에서 문화와 교육에 전력하기 위한 사업을 크게 확대하기로 결의하고 동국대학에 예산 1,500만원과 교사 증축, 서울 미술학교와 국화國華 여자전문학원에도 각각 예산 200만원을 배정하는 등 교육 사업에 지속적으로 관심을 기울였다.

김법린은 광복 직후인 1945년 10월 독립운동사 편찬을 위해 역사학계의 권위자들과 함께 발기인으로 참여했고, 같은 해 12월에는 독립 애국열사들을 기리는 추모 사업 '순국선열추념대회' 준비위원으로 참여하여 서울운동장에서 성대하고 엄숙하게 행사를 진행했다. 그리고 1946년 2월에는 광복 후 처음 맞는 3.1운동 기념 및 정신 계승을 위한 '기미독립선언기념 전국대회' 준비위원으로 참여하는 등 매년 개최되는 각종 광복 사업에도 관심을 기울였다.

또 김법린은 "정치 문제를 떠나 도탄에 빠진 이 민족의 생활 문제부터 해결하지 않을 수 없다."며 각계를 대표하는 100인의 발기인으로 '조선사회문제 대책 중앙협의회'에 참여하여 실업자, 고물가, 빈민구제, 38도 남북 물자 교류, 주택 등 당면한 민생 문제 해결에 적극적인 관심을 기울였고, 임시정부의 재정 확보를 위해 결성된 '애국헌금회'의 중앙위원으로 참여하는 등 건국의 기틀 구축을 위한 사회 활동에도 적극 참여했다.

이밖에 1946년 광복 1주년을 맞아 '현시점에서 거족적으로 해야 할 일은 무엇인가?'라는 설문에 "세계의 여론을 환기시켜 공위共委를 속개시키고, 남북을 통일한 자유정부 수립을 위해 국민대회를 개최해야 합니다. 지금 우리의 당면 과제는 첫째도 둘째도 통일정부 수립에 있습니다."라며 통일정부 수립을 최우선 과제로 강조하는 등 현실 정치에 대해서도 목소리를 내기 시작했다.

관선 입법의원에 선임되다

김법린은 관선 입법의원으로 선임되어 미군정에서 민정으로 이양되는 과정에서 건국의 기틀을 다지는 일에도 참여하게 된다. 이 의회는 1946년 12월 12일 개원하여 1948년 정부가 수립될 때까지 과도기의 정치·경제·사회 등 제반 분야에서 혼란과 무질서 상태를 수습하고 민주정부를 수립하기 위해 잠정적으로 수립된 입법 기관으로, '과도 입법의원'이라고도 했다.

미 군정청 하지 중장은 입법의원을 선정하는 과정에서 세 차례에 걸쳐 개원일을 연기하면서 각 정당과 시민 단체의 추천을 받는 등 사회 각계 각층과 상의를 거듭하며 신중한 절차를 거친 후 "이번 관선은 조선독립을 위하여 희생적으로 투쟁한 지도자의 실력과 경험을 특별히 고려하였다."며 45명의 명단을 발표했다.

이처럼 김법린은 광복 직후부터 불교 혁신과 함께 광복과 건국 사업에 참여하며 정치활동을 병행했다. 일제강점기에 불교 혁신운동이 독립운동과 연관이 있었다면, 광복 후 불교혁신운동은 곧 안정적이고 튼튼한 국가를 만드는 일과 연관이 있었기 때문이다. 그가 서양에서 보고 접했던 근대 국가에서도 그 예를 찾아 볼 수 있었다.

서양은 근대라는 대격변기를 겪으면서 근대 국가를 탄생시켰고, 이 과정에서 정치·경제·사회·문화 등 모든 분야에 기독교 문화가 뿌리 내리며 국가와 사회를 안정적으로 뒷받침했다. 따라서 고대 사회부터 뿌리내린 불교의 전통과 문화가 불교의 근대화를 통해 올바르게 정착된다면 안정적이고 오래가는 국가를 건설할 수 있다고 기대했던 것이다.

또한 김법린의 정치 참여는 개인의 의지보다는 당시 상황과 연관이 있었다. 당시 불교계를 대표하고 있었던 그는 사회적으로 주목받는 위치에 있었고, 광복은 되었지만 이후 어떤 국가를 건설할 것인가에 대한 결정을 우리 손으로 직접 할 수 없는 상황이었다. 여기에 사회는 미국과 소련의 신탁통치 결정에 대해 찬반으로 나뉘어 좌익과 우익의 대립이 격화되는 등 극도로 혼란스러운 상황이 펼쳐지고 있었다.

처음에는 좌·우익이 모두 신탁통치를 반대하며 반탁운동을 벌였다. 신탁통치 결정은 그 타당성 여부를 떠나서 우리 민족의 의사와 무관하게 강대국들의 이해관계에 따라 결정되었기 때문이다. 그러나 1945년 12월 모스크바 3상회의 이후 좌익이 찬탁으로 돌아서면서 좌익과 우익은 신탁통치 수용 여부를 둘러싸고 찬반으로 분열되어 격렬하게 대립했다.

김법린은 광복 직후부터 신탁통치 반대운동에 참여했다. 1945년 12월 31일 신탁통치반대 국민총동원위원회가 "시장과 공장은 생활필수품을 제외하고 당분간 파업을 지속한다."고 결정하며 각 도에 대표자를 선출하여 파견하기로 결정했을 때 김법린은 위원회의 조사 연락부장을 맡았고, 파업을 지도하기 위해 경상남도에 파견되었다. 그리고 1946년 2월 3일에는 임시정부 주도로 소집된 비상국민회의 대의원으로 선임되었고, 과도정부 수립을 위한 최고 정무위원을 설치하기로 결정되었을 때는 각 위원 선정을 위한 전형위원에 선정되었다. 이후 28명의 최고 정무위원 중 한 사람으로 선정되어 활동했고, 38선 철폐를 미소공동위원회에 제출할 것을 논의하는 등 통일정부 수립을 위해 적극적으로 노력했다.

▶
1945년 12월 31일 서울에서 열린 신탁통치 반대 시위 장면

그러나 소련의 거부로 남북한 통일정부 수립이 어려워지자 김법린은 가능한 지역에서만이라도 정부를 수립한 후 완전 통일을 기하자는 쪽으로 입장을 정리하게 된다. 그리고 1947년 9월 1일 정부 수립을 위한 중앙선거위원 8명을 선출했을 때 무소속으로 선출되었고, 1948년 2월 9일 입법회의 제205차 본회의에서 김법린을 비롯한 43명의 의원들이 "UN위원단은 우선 가능한 지역에서의 총선거 실시를 감시하고 법적 자주독립을 보장하는 통일정부 수립에 협조를 요청한다."고 결의하고 긴급 동의안을 제출했다.

10장

책임정치를
실천하다

'전시문교
건국문교
독립문교'
를 내세우다

1948년 5월 15일 김법린은 제헌의회 국회의원 선거에 조선불교 교무원 후보로 경남 동래군 선거구에 출마했다. 이때까지도 김법린은 정당에 소속된 정치인이 아니라 불교계에 소속되어 활동했음을 의미했다. 그러나 그는 높은 정치의 벽을 넘지 못하고 낙선했다. 이후 그는 공무원들의 비리를 조사하는 감찰위원에 선임되어 "불의와 타협하지 않는 대쪽 같은 성격으로 건국 초기의 행정부 기강을 바로 잡는데 일익을 담당했다."는 평가를 받았다.

  1949년 3월에는 중앙불교 총국원 위원장 자격으로 유엔한국위원단과 협의에서 북한 정권의 접수를 주장하면서 "문제의 핵심인 통일문제에 대하여 유엔총회에서 대한민국 정부를 한국의 유일한 합법적 중앙정부로 인정하였으니 유엔으로서는 (1)남한에서 미군정이 우리 정부에 정권을 이양한 것과 같은 형식으로 소련 당국이나 소련 지배하의 북한 정권이 정식으로 중앙정부인 대한민국정부에게 정권을 이관하도록 할 것 (2)사설 군사 단체인 북한 군사 단체를 해체하도록 조치를 하고 (3) 동시에 북한에서도 총선거를 실시할 것. 이상 유엔 조치의 가능성 여부는 유엔위원단이 판단할 것이다. 현 정부를 강화 육성하여 그로 하여금 한국의 통일을 완수하도록 유엔은 적극 원조하여야 할 것이다."라고 제안하는 등 통일정부 수립을 위해 적극 노력했다.

  1949년 4월에는 프랑스의 한국 승인을 계기로 설립된 한불문화협회韓佛文化協會 정기총회에서 이사에 선임되었고, 같은 해 8월 민족진영 강화 대책준비위원회 총회를 통해 12개 정당과 단체 대표자 31명이 출석한 가운데 '정치적 종파와 관념을 해소하고 민족진영의 총역량을 강화 한다.'는 강령과 규약 심의를 결의하는 가운데 김법린은 상무위원에 선임되었다. 그리고 1950년 1월에는 국가 최고 인사 행정의 하나인 고등고시원 고등고시위원장으로 선임되었다.

  김법린은 바쁜 일정 중에도 학문 탐구와 인재 양성을 하며 대학과의 인연을 이어갔다. 1947년 6월에는 이극로 등 구미유학생 출신 30여 명이 발기인으로 참여하여 '국회철학회'를 조직하여 활동했고, 피난 시절이던 1951년 1월 동국대학 교수 자격으로 문교부 정식 인가를 받은 '대한민국 교수단' 창립에 참여하여 청년들을 대상으로 강연회를 개최하는 등 교육 활동에 적극 나섰다.

1952년 10월에는 문교부장관 백낙준이 사표를 내자 김법린이 제3대 문교부 장관에 취임하게 된다. 이때 그의 나이 53세였다. 문교부 장관은 교육을 책임지는 자리였지만, 당시 교육 현실은 어려운 과제들이 산적해 있었다. 특히 전쟁이 한창 진행 중이었고, 일제 잔재가 일선 교육 현장 곳곳에 뿌리 내리고 있었다. 광복 직후 미 군정청이 일제강점기 식민지 교육을 받은 사람들을 재임용해서 일제의 교육 내용과 형식이 여전히 통용되고 있었던 것도 그 예였다. 여기에 미군정 시기에 미국식 교육 제도가 물밀듯이 들어와 미국식 교육 이념과 정책 등이 혼재되어 있었다.

김법린은 문교부 장관으로 첫 출근 하는 날 기자단과의 첫 회견 석상에서 문교 정책의 중요성과 기대에 대한 부담을 솔직하게 밝히며, 전쟁 중인 현실과 새로 건국된 국가의 우선 과제 그리고 일제강점기의 폐습 철폐를 위해 '전시문교·건국문교·독립문교'를 교육 행정의 목표로 내세웠다. 그리고 "교육·과학·문화를 정치와 경제에서 분리시켜 자주성을 확립해 나가겠다."고 다짐하면서 전쟁 중이라는 현실을 고려하여 교육 현장에서 '사상교육·국방교육·반공교육'도 강조했다.

전쟁 후
문교정책 수립에
고심하다

전쟁 중인 피난지에서도 교육은 계속되었고, 교육에 대한 열정이 대단했다. 대학교육을 지속하기 위해 문교 당국은 1950년 11월 2일자로 피난 수도 부산에서 전쟁 직전의 31개 공·사립대학을 통합하여 단일 연합대학을 설립하고 전공 학과를 개설하여 전시 연합대학 체제로 대학을 운영한 것도 대표적인 예였다. 교과서와 교재는 물론 예산과 시설, 교사 등 모든 것이 턱없이 부족한 가운데 쓰지 않고 비어 있는 건물이나 개인 사무실, 교수 사택 등을 강의실로 임시 활용했다. 그리고 강의 내용은 인문·사회·자연계를 막론하고 전시에 필요한 기본 지식이 주를 이루었다.

　　전시 연합대학에서는 〈대학신문〉이라는 학보도 발간했다. 김법린은 1952년 10월 13일 〈대학신문〉의 '나의 대학시절 회상'이라는 글에서 프랑스 대학시절 어떤 교수에게 어떤 과목을 들었으며, 어떤 내용이었는지 그리고 파리대학의 졸업 제도가 무척 까다로웠으며, 함께 공부한 한국인 친구들을 소개하는 등 당시를 회상하며 어렵게 공부하고 있던 학생들을 격려했다.

또한 광복 후 우리말로 된 교재가 절대적으로 부족하자 김법린 장관은 1952년 말, 거금 6억원을 투자하여 외국의 좋은 책과 신간 서적을 번역하여 보급했다. 이를 통해 학생들은 우리말로 된 좋은 책들을 접할 수 있게 되었고, 학자들은 번역에 참여함으로써 어려운 생활에 경제적 도움을 받게 되었다.

1953년 7월 정전협정이 체결되어 휴전이 되자 정부는 서울로 돌아왔고, 김법린은 전후 문교정책 수립에 고심했다. 전쟁으로 폐허가 된 국가를 재건하기 위한 기술 개발과 인적 자원 육성을 위해 대학 설립에 적극 관심을 기울인 것도 그 예였다.

1952년 3월부터 각 대학이 단독으로 개강하면서 전시 연합대학이 해산되었고, 이후 국립대학이 없는 지역에 국립대학이 설립되었다. 그리고 국제 정세를 파악하고 해외 문화교류 등 국제무대에서 활동할 수 있는 전문가 육성의 필요성에 따라 서울에 국립외국어대학 설립 계획도 추진되었다. 그러나 지방의 각 도 단위에 국립대학을 설립하여 운영을 지원하고 있었기 때

▲
1950년대초 부산 중구 영주동
영주배수지 옆 봉래초등학교 박간산
천막교실

▼
여학교의 노천 수업

문에 서울에 국립외국어대학 설립이 부담스러웠던 문교부는 학교 명칭을 서울외국어대학에서 한국외국어대학으로 변경하여 사립대학을 설립하게 된다.

1954년 4월에는 한국의 공업 수준을 향상시키기 위해 하와이 교포들의 성금과 인천시로부터 부지를 기증받아 인천에 대학을 설립하면서 인천과 하와이에서 각각 앞 글자 인仁과 하荷를 따와 인하대학이 설립되었다. 천주교 노기남盧基南(1901~1984) 대주교는 1986년 3월 16일 〈조선일보〉 대담에서 "불교신자인 김법린 문교부장관 때 학교 인가와 설립을 적극 지원해 주어 많은 신학교와 고등교육 기관이 세워졌다."고 할 정도로 종교 기관의 학교 설립도 적극 지원했다.

이외에도 매년 동한기에 3개월 동안 초등학교 저학년 수준의 한글 읽기, 셈하기, 기초 과학지식 등을 교육하는 프로그램을 운영하여 문맹퇴치운동을 벌이는 등 김법린은 전쟁을 전후한 시기에 나라의 교육 정책을 책임진 문교부장관으로 바쁜 일정을 보냈다.

한글 파동으로 수난을 겪다

대한교련 회장으로 선출된 유형진柳炯鎭(1926~1985)은 1982년 5월 7일 〈동아일보〉와의 인터뷰에서 "1950년 대 서울의 명문 중학인 K중학에서 교칙을 어긴 학생의 부모를 학교로 불러 훈계해야할 일이 생겼는데, 담임교사는 이 학생의 아버지가 문교부 장관이라는 사실을 알고도 학부모 자격으로 학교로 불렀다. 마침 김 장관은 출장 중이어서 김 장관의 부인이 학교에 나와 훈계를 받고 돌아갔다. 이 사실을 전해들은 김 장관은 곧바로 학교로 찾아와서 교장과 담임교사에게 사과하고 돌아갔다. 요즘 같으면 문교부의 국장 아들만 되어도 학부모를 부르기는커녕 학교 자체에서 쉬쉬하며 처리해버릴 것."이라며 바쁜 일정을 소화하면서도 자신이 해야 할 일에 대해서는 꼼꼼하게 챙겼던 김법린 장관의 일화를 소개했다.

김법린은 장관 시절 소신을 지키다 이른바 한글 파동으로 수난도 겪었다. 1953년 4월27일 이승만 대통령은 "한글 표기가 읽기에 힘이 들고 쓰기에 복잡하니 표준말 중에서 이미 쓰이지 않거나 말이 바뀐 것은 변한 대로 적는다."는 내용을 골자로 하는 '한글 표기 간소화에 대한 훈령'을 공포했다. 발음 나는 대로 쓴다고 해서 '한글 간소화'라고도 했던 이 법안은 한글 사용에 대한 어려움을 해소하려는 의도에서 제정되었다. 그러나 이 법안은 논란을 불러 일으켰고, 이때가 처음이 아니었다.

한글 간소화에 대한 논란의 시작은 1949년 10월 이승만 대통령의 담화로 거슬러 올라간다. 당시 이 대통령은 담화를 통해 "정부 수립 이후 써오던 통일안을 버리고 한글을 소리 나는 대로 적자."고 발표했다. 이에 한글학자 등 지식인들은 "한글 사용에 심각한 문제를 야기한다."는 이유로 반대하여 논란을 불러 일으켰다. 그러나 6.25전쟁이 발발하여 논쟁이 수면 아래로 가라앉았으나 전쟁이 아직 끝나지 않은 1953년 3월 27일 논란이 다시 일어났다.

이 대통령은 임시 수도 부산에서 다시 "3개월 이내에 현행 한글 맞춤법을 버리고 구한말 성경 맞춤법으로 돌아가자."는 '한글 간소화 특별담화'를 발표했다. 이에 한글학자 등 문화계 인사들이 적극 반대하고 나섰으나 4월 국무회의에서 정부 문서와 교과서만이라도 옛 맞춤법을 사용할 것을 일방적으로 결의했고, 7월 3일에는 복잡한 받침을 열 개만 남겨 놓고 '앉았다'를 '안잣다', '좋지 않다'를 '조치 안타', '믿다'를 '밋다', '길이'를 '기리', '높이'를 '노피' 등 소리 나는 대로 수정하자고 했다. 하지만 이 표기법은 한국어 정서에 대한 깊은 이해가 없이 글 쓰는 이의 편의만을 중시한 표기법이라는 비판을 받았고 "이승만 대통령이 1912년 미국으로 건너가 수십 년 간 한글을 제대로 접하지 못했고, 맞춤법 개정 이전의 '성서'로 한글을 익힌 그가 신문이나 공문서 읽는 게 고역이었기 때문이다."라는 말까지 나왔다.

물론 "한글 맞춤법이 지나치게 복잡하여 배우기 어렵다."라고 지적하는 학자들도 있었지만, 찬성보다 반대 여론이 압도적이었다. 그 이유는 첫째, 당시 사용하던 한글 맞춤법에 문제가 있다는 것을 인정한다고 해도, 이를 개선하려는 노력 대신 불완전하기는 마찬가지였던 개화기의 맞춤법으로 돌아가자는 주장이 지닌 불합리성을 지적했고 둘째, 한 나라의 국어를 전면 개선하는 데 3개월이라는 기간으로 못 박은 것은 누가 보아도 무리한 요구로, 철자법 수정이 필요하다면 반드시 오랜 기간 신중한 연구를 거쳐서 결정되어야 한다고 주장했다. 그리고 셋째, 대통령의 한마디에 무조건 맹종과 충성심을 보이기 위해 한글 간소화를 적극 추진하려는 관료와 일부 학자들의 행태도 비난을 받았다. 심지어 한글학회와 대한교육협회 등 관련 단체들은 신문에 성명서를 발표하는 등 공개적으로 반대하고 나섰다.

사직서를 제출하다

이 대통령은 반대 여론에도 불구하고 의지를 꺾지 않았고, 일부 관료들이 적극 옹호하며 따랐다. 이 과정에서 일반인들 사이에 "한글학회의 큰사전 편찬 사업을 지원하던 미국 록펠러 재단의 물자를 차단하고 유네스코의 한글학회 사업 5개년 계획 원조를 외면했다."는 등 한글사전 편찬 작업까지 탄압을 받았다는 이야기까지 돌자, 문화계 인사들이 반발하며 숱한 유행어를 양산했다.

1954년 1월 1일부터 서울신문에 연재되었던 소설 『자유부인』에도 불똥이 튀었다. 『자유부인』에 대해 서울대 법대 황산덕黃山德(1917~1989) 교수는 "문화의 적·문학 파괴자·중공군 50만 명에 해당하는 조국의 적이다."라며 극단적인 표현까지 동원하여 공개적으로 비난했고, '미풍양속을 해치는 반사회적인 국민들의 반응은 없었으나 그는 독심 있게 이 '개혁안'을 밀어붙이려고 했다. 그러나 곧이어 터진 전쟁으로 인해 국민들과 이승만의 관심은 '개혁안'으로부터 멀어지게 된다.

시간은 흘러 전쟁이 막바지로 흘러간 1953년 4월 27일, 이승만이 기어이 일을 내고야 말았다. 맞춤법을 소리 나는 대로 쓰자는 안인 '정부의 기관과 교과서 등에 현행 철자법을 폐지하고 구식 기음법(記音法)을 사용'이 국무총리 훈령 제8호로 공포된 것이다.

이런 맞춤법 개정 시도는 여러 단체의 반발에 부딪혔다. 이에 따라 정부는 간소화 개정에 학술적인 근거를 마련하기 위해서 7월 7일 문교부령 제31호를 내려 국어심의위원회를 만들었다. 그러나 위원회는 정부의 바람과는 달리 계속 한글 맞춤법 통일안을 쓰는 쪽으로 결론을 내렸다. 정부는 절충안을 내놓아 다시 심의하도록 했지만, 오히려 제3안인 가로 풀어쓰기가 채택되었다.

1954년 3월 29일 이승만은 "3개월 이내에 현행 맞춤법을 버리고 구한말 성경 맞춤법으로 돌아가라."는 취지의 특별담화를 발표하였다.

> "이전에 우리 국문학자들이 임시로 교정해서 철주자판을 만들어 신·구약과 기타 국문서에 쓰던 방식에 따라서만 국문을 쓰게 할 것이고 이를 공포 후 석 달 안에 한글을 교정해서 써야 할 것이다. 본래 우리 국문은 배우고 익히기 쉬운 글인데도 학자들이 공연히 어렵게 만들어 놓았으니 통탄할 일이다. 반드시 원 모습대로 환원되고 시정되어야 할 것이다. 학자들에게 누차 이 일을 종용하였는데도 듣지를 않아 부득이 명령으로 한다. 모든 정보기관과 나의 이 뜻을 따라 문명 전보에 장애가 되지 않는 쉬운 글로 간소화하라."

- 1954년 3월 29일자 동아일보

석 달 안에 현행 맞춤법을 버리고 구한말 성경 맞춤법으로 돌아가자는 이승만의 담화(출처 - 동아일보 DB)

이에 따라 새로 임명된 이선근 문교부 장관은 비밀리에 '한글 간소화안'을 만들어 6월 26일 발표해, 공적인 심의나 수정을 거치지 않고 7월 2일 국무회의에 통과시켜버렸다. 한글 학회, 전국문화단체총연합회, 국어국문학회, 대학 국어국문학교수단 등 여러 단체에서 반대 성명을 냈고, 예일 대학교의 한국어 교수인 새뮤얼 마틴은 문교부에 공개 항의 서신을 보내기도 했다. 간소화 방안이 반발에 부딪히자 정부는 7월 9일 '한글 간이화 방안 이유편(理由篇)'을 냈지만 비난의 목소리는 높아갔다.

3일 뒤 국회에서는 정부, 국회, 학술원이 같이 구성하는 대책위원회를 열기로 했다. 위원회가 구성되고 나서 긴 논의가 벌어졌지만 별 성과가 없었다. 한편 한글 학회의 유제한은 이승만의 측근인 표양문을 통해 형태주의 한글을 받아들이도록 로비하였다.

결국 이승만은 1955년 9월 19일 "맞춤법 문제는 더 이상 문제 삼지 않고, 민중들이 원하는 대로 자유에 부치겠다."고 발표함으로써 시끌벅적했던 한글 간소화 파동은 막을 내리게 되었다.

철자법 문제에 대해 더 이상 문제 삼지 않고 민중이 원하는대로 자유에 붙이겠다는 이승만의 담화(출처 - 조선일보 DB)

> "(중략) 그런데 내가 해외에 있는 동안에 한 가지 문화상 중대한 변경이 된 것은 국문 쓰는 법을 모두 다 고쳐서 쉬운 것을 어렵게 만들며 간단한 것을 복잡하게 만들어 놓은 것이니 이것은 이전 한문 숭상할 적에 무엇이든지 어렵게 만드는 것이 학자들의 고상한 정도로 알던 생각을 버리지 못하고 국문 쓰는 것도 또한 어렵게 한 것이므로 이것을 고치려고 내가 여러 번 담화를 발표하였으나 지금 와서 보니 국문을 이렇게 복잡하게 쓰는 것이 벌써 습관이 돼서 고치기가 대단히 어려운 모양이며 또한 여러 사람들이 이것을 그냥 쓰고 있는 것을 보면 무슨 좋은 점도 있기에 그럴 것이므로 지금 여러 가지 바쁜 때에 이것을 가지고 이 이상 더 문제 삼지 않겠고, 민중들의 원하는 대로 하도록 자유에 붙이고자 하는 바이다. (후략)"

- 1955년 9월 20일자 조선일보

소설'이라며 작가 정비석鄭飛石(1911~1991)이 고발까지 당하는 등 사회적으로 커다란 파장을 일으켰다. 그런데 한글 파동 논란 당시, 『자유부인』 연재 중 주인공인 한글학자이자 국문과 교수 장대연이 '한글 간소화 방안은 언어의 학살 행위'라고 주장하며 반대 활동을 벌이는 내용이 실리게 된다. 그러자 문교부의 압력을 받은 서울신문사 임근수 상무가 작가에게 알리지도 않고 이 부분의 내용을 삭제해 버렸다. 뒤늦게 이 사실을 알게 된 작가 정비석은 "왜 소설 내용 일부를 맘대로 삭제하는 거요?"라고 따졌다. 그러자 임 상무는 "아 그 문제는 이해해 줘야겠소. 문교부에서 정부 시책에 정말 반대하는 거냐고 하도 강력하게 압력을 넣어서 어쩔 수 없었소. 이건 내 목이 걸린 문제요."라며 사정한 일도 있었다.

  한글 파동으로 인해 관련 부서였던 문교부도 곤혹스럽기는 마찬가지였다. 때문에 당시 문교부 편수국장이었던 한글학자 최현배崔鉉培(1894~1970)는 사표를 제출하며 반발했고, 김법린 역시 대통령의 뜻을 받아들일 수 없다는 뜻을 분명히 하다가 결국 1954년 4월 사직서를 제출했다.

  그럼에도 7월 3일 한글 간소화 법안이 공포되었다. 하지만 반대가 심해 시행되지 못할 정도로 논란은 여전히 가라앉지 않았고, 결국 해를 넘겨 1955년 9월 19일 이 대통령이 "국문을 어렵고 복잡하게 쓰는 것이 벌써 습관이 되어서 고치기가 대단히 어려운 모양이며, 또한 여러 사람들이 이것을 그냥 쓰고 있는 것을 보면 무슨 좋은 점도 있기에 그럴 것이므로, 지금 여러 가지 바쁜 때에 이것을 가지고 더 문제 삼지 않겠고, 민중들이 원하는 대로 하도록 자유에 붙이고자 하는 바이다. (…) 우리나라 사람들의 총명이 특수한 만치 폐단이 되거나 불편한 장애를 주게 될 때에는 다 깨닫고 다시 교정할 줄 믿는 바이므로 내 자신 여기 대해서는 다시 이론을 붙이지 않을 것이다."라며 국민의 뜻에 따르겠다는 담화를 발표했다.

    이렇게 해서 1년 이상 표류하던 법안이 공식 폐지되고 한글 파동이 종료된다. 그리고 중단될 뻔 했던 우리말 사전 편찬 작업도 지속되었고, 마치 한편의 드라마를 쓰듯 우여곡절을 겪으며 1957년 10월 『우리말 큰사전』이 완성되어 28년의 대장정이 마무리 된다.

    『우리말 큰사전』은 일제가 말살하려고 기를 쓰던 우리말을 목숨 걸고 지킨 한글학회 관계자들의 노력과 2만 6,500여 장이나 되는 엄청난 분량의 원고가 있었기에 완성할 수 있었고, 일제강점기와 광복 그리고 6.25 전쟁 등 격동의 시기를 거치는 동안 번듯한 백과사전 하나 없던 시절에 국민의 편익까지 고려하여 탄생한 '첫 종합사전'이라는 점에서 대단히 큰 의미가 있었다. 2014년 서울시는 이러한 의미를 담아 김법린을 비롯 조선어학회 사건 관계자 33인의 뜻을 기리고 기념하는 '조선어학회 한말글 수호 기념탑'을 종로구 세종로 공원 내에 건립했다.

책임 정치를
실천하다

문교부 장관에서 물러난 한 달 후, 김법린은 제3대 국회의원 선거에 출마했다. 자유당 후보로 경남 동래군 선거구에 출마하여 당선된 그는 그 해 6월 국회 문교위원장에 선출되었고, 여전히 논란이 되고 있던 한글 간소화 문제와 관련해 소속 의원들과 문교부장관을 면담하는 등 문제 해결을 위해 노력했다. 그리고 1956년 6월에는 국사편찬위원으로 위촉되어 한국사의 독자성과 발전성을 부인하는 식민사관으로부터 왜곡된 민족사를 바로 세우는 일에 참여했고, 유네스코 한국위원회 위원장으로 전쟁 후 국가재건 사업에 참여하는 등 적극적인 의정 활동과 함께 사회 활동을 병행했다.

    의정 활동을 인정받은 김법린은 3대 국회 후반기를 시작하는 1956년 6월, 자유당 원내총무에 당선되어 원내 사령탑을 맡았다. 원내 총무는 소속 정당의 국회의원들이 총회를 열어 투표로 선출했다. 따라서 당내에서 능력과 신뢰를 모두 인정받아야 선출이 가능했고, 의회 안에서 교섭과 협상을 담당하는 각 정당의 실질적인 대표로 정치적으로 막강한 힘을 발휘했다.

1977년 4월 17일 〈조선일보〉에는 "원내총무는 목표를 향해 의원들을 채찍질하듯 몰고 간다고 해서 영어로 'Whip(채찍)'라고도 한다. (…) 이러한 원내총무 제도가 우리 국회에 자리 잡기 시작한 것은 3대 국회에서 자유당 김법린 총무와 민주당 이석기李錫基(1908~1975) 총무 시절이다."라고 평가할 정도로 김법린은 국회에서 합리적 판단과 추진력을 발휘했다.

김법린 원내총무는 야당으로부터 사안에 따라 온건파와 강경파로 분류되었다. 그 이유는 그가 당내에서 이 대통령의 눈치만 보고 따르는 부류가 아니라, 야당과도 소통이 가능한 합리적인 정치인이었다는 점에서 온건파로 분류되었고, 일을 처리하는 과정에서 원칙에 위배되는 어설픈 타협은 하지 않는 추진력과 강직한 성격으로 인해 강경파로 평가를 받았다.

1950년대 중후반의 자유당 간부들은 대부분 '이 대통령에 기대어 무이념과 무사상, 소극적 보신주의와 적당주의로 자신의 권력을 영속화시킬 뿐'라는 평가를 받았다. 하지만 김법린은 달랐다. 김법린에 앞서 원내총무를 지낸 이재학李在鶴(1904~1973)은 후에 "당시 나와 김법린이 실질적으로 자유당을 움직였다. (…) 김법린과 함께 자유당을 민주주의 정당으로 발전시키려 논의했다."고 회고했고, 김법린의 오랜 친구이자 야당 국회의원으로 국회에서 같이 일했던 정치인 전진한은 "김법린은 노련한 정치인으로 오로지 일만을 하겠다는 성실성과 사태를 바라볼 수 있는 식견과 총명을 가졌던 분이다"라고 평가했다.

자유당은 이 대통령의 '사당私黨'이고, 의원들은 '거수기'로 평가를 받는 분위기에서 '자유당이 공약으로 내걸었던 정책이 계속해서 국정에 반영될 수 없다면 자유당은 고립될 것'이라고 위기의식을 느낀 몇몇 의원들이 특별 조치를 요구했을 때, 김법린은 당의 뜻을 존중해 달라고 대통령에게 직접 건의 할 정도로 자유당의 자주성을 세우고자 노력하는 등 책임 정치를 실천에 옮겼다.

또한 자유당 내에서는 고령의 이 대통령 유고시 야당 출신 장면 부통령이 계승할 수 있다는 위기의식을 느끼고, 자기 세력 확충을 위한 정치적 계산에 따라 내각제 개헌을 시도했다. 그러나 김법린은 원내총무로서 당과 의회의 권한을 확보하고 정당 정치를 실행하기 위해 내각책임제 개헌에 관심을 기울였고, 경무대에 이 대통령을 면담하러 가면서 내각책임제 개헌안을 만들어 건의했다. 당시 이 대통령은 대답을 하지 않음으로써 반대 의사를 대신했고, 이후 이 대통령은 기자회견을 통해 '종전대로 변동이 없을 것'이라고 의사를 밝혀 자유당 내에서 개헌 논의는 동력을 상실하게 된다. 그러나 김법린에 대한 이승만 대통령의 신뢰는 대단했던 것으로 전한다. 이는 이승만 대통령과 자유당 정권에 대한 비판의 목소리가 점차 커지는 가운데 김법린이 자유당적을 유지한 이유이기도 했다.

과학기술 분야의
문익점이
되라!

1958년 5월 제4대 국회의원 선거에 자유당 후보로 동래구에 출마했으나 김법린은 낙선했다. 그리고 같은 해 6월 서울신문사 사장에 임명되었고, 1959년 4월 초대 원자력원장에 선임되어 세간의 주목을 받았다.

원자력원은 대통령 직속 독립기관으로, 원장은 국무위원 급이었고 대통령이 임명했다. 지금은 안전성 문제 등으로 탈원전 정책이 추진되고 있지만, 국가 재건을 위한 에너지 확보가 가장 시급한 과제였던 당시에는 원자력에 대한 기대가 컸다. 그런데 원자력 분야는 물론 과학자와는 거리가 먼 철학자가 처음으로 조성되는 원자력원의 최고 책임자로 선임된 것은 단연 화제 거리였다. 때문에 이를 두고 이승만 대통령의 신임이 여전히 두터웠기 때문으로 해석하기도 했지만 그가 초대 원자력원장에 선임 된 또 다른 이유가 있었다. 원자력을 에너지로 활용한다고는 하지만, 이미 원자력의 위력을 경험했던 국제사회는 원자력 개발에 대단히 민감했다. 따라서 국제 관계에도 신경을 써야했고, 뚝심도 필요했다. 그리고 원자력 분야의 인재 육성과 원자력 기술 확보를 통한 에너지 자립을 동시에 해야 하는 등 초대 원자력원장에 대한 기대와 임무는 막중했다. 하지만 당시 국내에는 원자력 관련 서적도 귀했고, 원자력을 구체적으로 이해하고 있는 전문가를 찾기는 더욱 힘들었다. 그야말로 '무無에서 유有를 창조'해야 했던 시기에 원자력을 다루는 문제는 독립운동과 비교할 수 있었고, 김법린이 적임자였다.

김법린은 원자력원장에 취임하여 먼저 원자력과 관련한 물리학·화학·기계공학·수학 등을 독학하여 원자력에 대한 이해력을 높이는 등 자신의 부족한 부분을 의지와 노력으로 메워 나갔다. 당시 원장실은 수소문을 통해 구한 원자력 관련 각종 외국 서적으로 가득했다. 덕분에 자연과학이나 공학 전공자들과 소통이 가능해졌고, 여기에 행정력과 추진력 그리고 그동안 쌓아온 연륜과 리더십으로 원자력원을 이끌었다

김법린 원자력원장의 보좌관을 지낸 정근모의 회고에 따

르면 "(김법린은) 의문이 나면 일일이 묻고 확인했고, 직원들을 불신해 윽박지르거나, 보고를 맹신하지도 않았다. 오로지 사실 확인과 정확한 행정을 요구했다. 때문에 직원들은 김 원장에게 대충 보고하거나 과장해서 올릴 수가 없었다."고 한다. 간부 직원들은 이런 김법린을 "철학자였지만 원자력 전공자 못지않은 식견을 지니고 있었고, 독립운동가 출신의 철학자로서 지도자가 무엇인지를 몸소 보여주었다."고 회고했고, "과학기술 발전에 초석을 놓았다."는 평가를 받았다.

보좌관 정근모가 유학을 떠나기 전 어느 날, 갑자기 그를 사무실로 불러서 "자네, 미국 가면 박사 말고 다른 걸 해오게. 국가가 어떻게 과학 영재를 기르고, 연구소는 어떻게 움직이며, 산업계는 어떤 연구로 1등 국가를 일궜는지 보고 와서 학교와 연구소 만드는 일로 한국 과학기술 발전의 토대가 돼 주게나."라고 당부하면서 "과학기술 분야의 문익점이 되라!"고 주문했다.

국민소득이 100달러도 되지 않았던 시기에 유학 비용은 엄청난 액수였고, 국가적으로도 큰 부담이었다. 따라서 개인적으로 박사학위를 받는 것도 중요했지만 한국의 전반적인 과학기술 수준을 높일 수 있는 비결을 알아오는 것 또한 국가적으로 시급한 과제였고, 김법린이 문익점의 예를 든 것도 이러한 절박한 심정을 담고 있었다.

이외에도 정근모는 "항상 부하들을 격려하고 제대로 일할 수 있도록 지원했고, 의사결정 방식이나 사람을 배려하는 방법을 비롯해 지도자로서 갖춰야 할 소양과 늘 인내하며 겸손한 행동 그리고 검소하고 소박한 생활을 하는 모습 등 학교와 책에서는 배울 수 없는 가르침을 받았다."며 "이런 멘토를 만난 것은 내 일생의 행운이었다."고 회고했다.

1959년 2월 3일 경기도 양주군
노해면 공덕리(현 서울 공릉동)
당시 서울대 공대 4호관에
문을 연 원자력 연구소 개소식.

11장

마지막 열정을
불태우다

정계에서
물러나다

대통령과 부통령 선거를 앞두고 과열 양상을 보이는 등 정치계의 논란이 가중되는 가운데 1959년 10월 김법린은 "국민적 입장에서 관심을 가질 뿐, 정계에서 은퇴하겠다."고 선언하며 정치에서 물러났다. 그리고 이듬해 1960년 3.15부정선거로 인해 4.19혁명이 일어나자 4.19혁명 정신을 인정하며 원자력원장을 사임했다.

이어 1961년 5.16 군사정변이 발생하여 헌정이 중단되면서 모든 국회와 정당, 사회단체 등이 해산되고, 정치인들은 부정부패 등에 연루되어 체포되거나 정치 규제에 묶이며 활동이 일체 금지 되었다. 이후 1년 7개월 만인 1963년 1월 1일로 정치 활동이 다시 허용되었고, 대통령중심제 헌법이 새로 마련되어 대통령과 국회의원 선거 준비가 시작됐다. 당시 민주공화당을 창당한 5.16 군사정변 주체 세력은 대통령 선거와 국회의원 선거를 준비하며 민간 정치인들을 적극 포섭한 결과, 공화당이 공천한 국회의원 후보는 총 162명 가운데 51명이 민간 정치인 출신이었고, 자유당 출신이 28명으로 가장 많았다.

공화당 지도부에서는 자유당에서 원내 총무를 지내며 소신과 책임 정치를 실천했고, 거의 유일하게 권력 남용이나 부정부패 사건에 연루되지 않았던 김법린에게 관심을 가졌다. 그러나 정치에서 물러나 있었던 김법린은 공화당에 참여하지 않았고, 분열된 야당의 대통령 후보 단일화를 위해 적극 나섰다. 원칙을 중시했던 그가 군인이 정치에 참여하는 것에 부정적이었던 것으로 보인다.

재야에 있던 민간 정치인들은 정치 활동이 허용되자 새로운 정당을 결성하기 위해 공개 활동을 시작하면서 "과거 정파와 계보를 초월해서 대동단결로 군정軍政에 반대하는 '범야 단일정당'을 이룩한다."는 목표를 내세웠고, 1963년 민정당이 창당되었다. 그리고 지도부를 집단 지도 체제로 구성하면서 김법린은 최고위원에, 야당 대통령 단일 후보로는 윤보선을 추대했다.

민정당은 각 정파를 망라하여 외형적으로는 단결력을 과시했다. 그러나 내부적으로는 각 정파 간의 당직과 주도권을 둘러 싼 갈등이 불거지며 결국 주도권을 빼앗긴 쪽에서 탈당하는 등 분열 양상을 보였다. 하지만 김법린은 야당 대통령 후보 단일화를 마무리한 후 정계 은퇴를 재확인하며 정치계에서 완전히 물러났다.

김법린의 죽마고우이자 함께 국회의원을 지냈던 전진한은 광복 후 김법린의 활동을 회고 하면서 "해방이 되자 범산은 불교 총무원장의 직책을 맡아 불교계 대표로 각 방면에서 눈부신 활동을 했으며, 내가 청년운동을 하느라 공산당과 싸울 때 태고사를 본거로 하여 밥도 얻어먹고 잠도 자면서 범산의 비호 아래 활동했었다. 그 후 나는 이박사와 틀려서 야당을 했고, 범산은 자유당을 했지만 우리는 항상 나라 걱정을 함께 했고, 범산 자신이 자유당에 머무는 것은 그 세력에 연연해서가 아니라 이박사가 자기를 알아주는 정 때문에 떠나지 못하는 것이라고 하였다. 그 동안 수많은 정객과 인사들을 대해 보았지만, 범산 같은 분은 또 찾아볼 수 없을 것이다. 범산은 첫째로 공정 무사했다. 늘 하는 일만 보고 나갔고, 자신의 입장이나 설자리는 생각하지 않았다. 그의 식견과 이론은 항상 초연했다. 그 후 나는 국민의 당 통합을 둘러싸고 어려운 일에 부딪힐 때마다 범산의 힘을 아쉬워했다. 둘째로 범산은 솔직하고 담백한 사람이었다. 나는 정계나 다른 조직에서 속마음을 털어 놓고 얘기할 수 있는 사람은 범산 밖에 없었다. 셋째로 범산은 후덕한 사람이요, 총명한 분이었다. 어떤 사람의 인품이 훌륭하다고 들었더라도 직접 그 사람을 접하게 되면 인품이 깎이면 깎였지 더 훌륭하게는 느껴지지 않는 법이나, 범산만은 직접 가까이 하면 할수록 그의 높은 덕을 더욱 더 우러르게 되었다."라며 "범산 같이 사심이 없는 사람은 처음 보았다."라고 그의 정계 은퇴를 아쉬워했다.

동국대학교
총장에
취임하다

정계에서 물러난 후 김법린은 동국대학교에서 프랑스철학 등을 강의했고, 1961년 4월부터는 한국외국어대학교 외래교수와 대학원 지도교수로서 불어로 된 유엔 헌장을 강의하는 등 후학 양성에 힘썼다. 부산 금정중학교 역사관에는 당시 그가 강의했던 『유식송唯識頌』과 『불교철학』 강의 노트가 전시되어 있는데, 한문과 산스크리트어가 빼곡하게 적혀 있어 동서양의 철학을 넘나들며 강의했던 그의 열정이 고스란히 느껴진다.

김법린이 모든 활동을 접고 대학에서 학문 탐구를 통한 인재 육성에 관심을 기울인 이유가 있었다. 일제강점기에 대학은 경성제국대학이 유일했고, 관공립과 사립 전문학교를 모두 합쳐도 고등교육 기관이 10개가 되지 않았다. 때문에 극소수만이 고등교육을 받을 수 있었고, 그나마 식민지 교육 정책으로 제대로 된 고등교육을 기대하기 힘들었다. 따라서 광복 후 제대로 된 교육 체계를 갖춘 대학 육성은 대단히 중요한 국가적 과제였고, 김법린에게 대학교육은 "국가의 운명은 청년에게 달려 있다."는 신념을 실천하는 장이었다.

  광복 직후인 1945년 9월 김법린은 전국승려대회에서 불교계 고등교육 기관의 복교를 결정하고 같은 해 11월 혜화전문학교를 빠르게 개교했다. 그리고 1946년 김법린 총무원장은 교정敎政의 진로를 밝히면서 "흥학興學으로써 인재를 양성해야 한다. 즉 흥학의 경우, 혜화전문학교를 대학으로 승격하여 명실공히 우리 교단의 최고 학부가 될 만한 대학으로 하고, 또 중학교도 설립하여 일반 학도에까지 민족정신과 불교의 정신을 넣어줄 것이며…"라며 동국대학교가 최고 학부로서 현대적 교육 체제를 갖추기 위해 각별한 관심을 기울였다.

  김법린은 미군정과 교섭을 벌이며 일본인 소유의 적산을 처리하는 과정에서 서울 남산 북쪽에 있던 조동종 서본원사西本願寺 별원을 비롯한 일본 사찰들의 재산을 인수하였고, 1946년 9월 혜화동에 있던 혜화전문학교가 동국대학교로 승격되면서 현재의 남산 위치로 이전하게 됐다. 1949년에는 재단을 동국학원으로 개칭하고 이사장에 선임되어 현안 문제 해결에 나서면서 전국 사찰이 소유한 토지 1만 7천 정보의 방대한 부동산 증자를 단행하고, 1953년 2월 문교부장관 시절 동국대학교를 종합대학으로 승격시켰다.

또한 동국대학교는 우리나라 유일의 불교 종립 종합대학으로, 세계에서도 그 유례를 찾아보기 힘들다는 점에서 국가와 사회적으로도 특별한 의미가 있었다. 그는 평소 대학의 존재 의미에 대해서 "궁극적인 진리를 바탕으로 하지 않는 교육이란 무의미하며, 그건 대학이 아니다."라고 정의하면서 "서양의 전통 있는 대학들은 모두 종교 정신을 바탕으로 하고 있으며, 캠퍼스 내의 모든 시설도 종교적인 배려 하에 배치되어 있고 학생 자치 활동이나 학내의 기타 모든 움직임이 궁극적인 진리 모색과 그 실천으로 일관되어 있다. 이 점을 우리는 소홀히 보아 넘겨서는 안된다."고 강조했다.

1962년 4월 김법린은 동국대학교에서 명예철학박사 학위를 받았다. 그리고 1963년 7월 20일 동국대학교 제4대 총장에 취임하여 모교에서 새로운 도전을 시작하게 된다. 김법린의 총장 취임은 모든 대학 관계자들의 관심과 기대를 모았다. 대학들이 최고 학부로서의 위상을 정립하고 재정난을 타개해야 하는 시기에 일찍이 유럽에서 선진 학문과 대학을 접했던 경험과 문교부장관과 국회문교위원장 등을 지내며 연륜을 쌓은 김법린은 소중한 자산이었기 때문이다. 이때 그의 나이 65세였다.

동국대학교 중강당에서 열린 김법린 총장 취임식에 나선 손희진 이사장 역시 축사에서 학교 발전을 확신하며 "본교 발전에 다대한 공이 있고, 국가적으로도 유능한 인물인 김법린 박사를 제4대 총장으로 맞는 우리는 앞으로 학교 발전에 비약적인 진전이 있을 것으로 기대한다. 재단 이사회는 앞으로 동국대학교의 이상적인 백년대계를 위해 모든 능력과 재원을 시설 확충에 쏟을 것이다."라며 지원을 아끼지 않겠다고 약속했다.

마지막 열정을 불태우다

감회가 여느 때보다도 남달랐던 김법린 역시 총장 취임사에서 평소 애독하던 경전 『법화경』에 나오는 궁자窮子에 비유하여 "저는 이제 오랜 객지 생활을 청산하고 마땅히 돌아와야 할 고향에 돌아왔으니 이제까지 배운 모든 경험과 지혜를 살려 여생을 동대東大에 바치겠다. 세계성과 현대성을 갖춘 과학적 학문 연구 방법으로 새로운 학풍을 수립할 수 있도록 교수와 학생들의 학술 연구에 만전을 기하겠다."고 약속했다. 그리고 이를 실천에 옮기기 위해 첫째, 학문 제일주의를 철저히 실행하여 참신한 학풍 수립에 기여하고 둘째, 교수 및 학생의 연구에 편리하도록 학교 기구와 사무 체계를 수시로 개선하며 셋째, 교수회의를 정례적으로 열어 그 결의 사항을 준수할 것이며 넷째, 불교정신에 입각해 설립된 학원이므로 부처님의 근본사상을 널리 선양·주지시키기에 힘쓰고 다섯째, 학원을 빈곤과 외부적 위협으로부터 자유를 보장하도록 힘쓸 것이며 여섯째, 모든 형식과 파벌을 초월해 실력 본위로 신진 배출을 돕겠다며 6대 시정 원칙을 밝혔다.

또한 그는 "아집과 독재는 부패를 낳는 제1 요인이다. 교수·학생·직원이 각자의 소임을 성실히 하는데서 동국대학교는 새로운 모습을 나타낼 것이다."라며 학생과 교수, 교직원 등 학교 구성원 모두에게 학교 발전을 위해 자기 자리에서 최선을 다해 줄 것을 당부했다. 그리고 학생들에게는 "학업이 아닌 다른 문제에 관여하는 것을 지양하고 학구學究에 전념해 주기를 거듭 바라는 바이다. 백성을 괴롭히는 정치가 필요 없듯, 학문 없는 학원은 시체와 같다. 이 땅에 르네상스를 이룩해야 한다. 동국대학교가 그 앞장을 서자. 여러분들은 당시 이탈리아의 선각자들처럼 훌륭한 학자가 되어다오!"라며 학문 탐구에 매진해 줄 것을 당부했다. 그리고 교수들에게는 "학문적 업적을 내지 않는 학자는 노래하지 않는 가수나 다를 바가 없을 것입니다. 학문의 세계에는 기적이 있을 수 없으며 또 기적을 바라서도 안 될 것입니다. 대학의 본분인 학문 탐구는 실천으로 이어질 때 비로소 그 의미가 완성될 것입니다."라고 강조하면서 "불법佛法과 과학과

예술이 흔연히 하나의 진리로 조화된 사회가 바로 동국학원이 되어야 합니다. 우리의 목적은 일조일석에 이루어지는 것도 아니며 몇몇 간부의 능력으로 다 되는 것도 아니니, 전 교직원과 학생의 노력과 동창생, 학부형 및 전 불교인의 격의 없는 협조가 꾸준히 계속되는 가운데 동국대학교는 점차 새로워져 갈 것입니다."라며 모두의 마음가짐 하나하나가 바로 동국대학교의 운명을 좌우한다는 사실을 명심하고 매사에 학자적 양심에서 신중히 처리해 줄 것을 당부했다.

    그는 "시대의 발전과 사회의 진보에 적응할 수 없는 자는 바로 낡은 세대이다. 자기의 소신을 굽히지 않는다는 말은 남의 소신을 존중하는 것이다."라며 관용과 소신을 가지고 새로운 시대에 맞는 대학을 만들기 위해 맡은바 직무를 성실히 수행할 수 있도록 높은 지성과 귀한 경험을 가진 학교 내외 제현諸賢의 격의 없는 지도와 협조를 당부하면서 "날마다 새롭게 발전하는 학교를 만들기 위해 헌신 하겠다."고 약속했다.

    그리고 총장 취임사의 마무리에서 "실로 동국대학교는 제 만년晩年의 은신처이거나 일시적인 대피소가 아니라 '라스트 꼴Last Goal'입니다."라고 밝힌 것처럼 인생 마지막 열정을 쏟아 부을 대상으로 모교를 선택하여 열정을 불태웠고, 총장 취임

후 침체와 답보 상태에 있던 학교 발전을 위해 스스로에게 쉴 틈을 주지 않았다.

변화로 입증하다

김법린의 노력은 학교 곳곳에서 변화로 나타났다. 그는 먼저 교가부터 새로 만들었다. 명진학교 이후 세 번째로 바뀐 교가이자 현재 불리는 교가로, 그가 평소 강조했던 동국인의 기상과 웅비 그리고 실천하는 지성인의 정신을 그대로 담고 있다.

재단 이사진도 재구성하여 학교 운영의 정상화를 꾀하고, 학생들이 공부에 전념할 수 있는 면학 분위기 조성을 위해 제도적인 면뿐 아니라 내면적인 정신 생활에도 관심을 기울이는 등 학문 탐구를 통한 학교 발전을 위해 다양한 노력을 하며 "교육의 제도적 틀을 닦아 놓았다."는 평가를 받았다.

학사 행정 쇄신과 학문의 질적 향상에 적극적인 관심을 기울인 그는 "도서의 완비는 현대적 고등학부의 생명이니, 그의 결핍으로 말미암아 받는 타격은 교수나 학생 모두에게 큰 것이다. 학계의 신 동향과 정확한 전거를 참고할 수 없는 교수의 강의는 전통에 빠지거나 독단화하기 쉬우며, 일정 시간에 한정된 단편적 강의와 전형적 교과서만으로는 체계적이고 비판적 저작을 대비할 수 없으며 피상에 그치거나 맹종화하기 쉬운 것이다."라며 학문 탐구의 기초적 조건인 도서관 시설과 도서 완비에도 적극적인 관심을 기울였다.

비교문학 연구회와 대학 언론 기관 등 부설 기관들도 창설되었다. 그리고 총장 취임 초부터 관심을 기울인 5대 사업계획의 하나로 청년들의 외국어 능력 향상을 위해 7개 국어를 자유자재로 구사하는 교사를 배치한 외국어교육원을 신설하고, 학생들과 만나는 기회를 자주 마련하여 학생들의 소리에 귀를 기울이는 등 재학생들을 대상으로 상담 및 지도 등을 전담하는 학생지도연구소를 발족했다.

학사 증축, 기숙사 건립 등 시설 확충과 일하는 청년들에게 공부할 수 있는 기회를 확대하기 위해 2부(야간) 대학도 신설했다. 그리고 취임 초부터 추진하던 연습림 개발을 포함해 학교 재정 확충을 위해 '사찰임야 개발계획'을 수립하여 추진하면서 전국 사찰로부터 기증받은 1만 7천 정보(약168,595,041㎡)에 이르는 방대한 임야 개발에 본격적으로 착수했다.

또한 우리나라 유일한 불교 종립대학의 특성을 강화하기 위해 동국대학교 박물관을 개관하여 불교문화 유산의 보존과 연구를 위한 토대를 구축하였고, 종비생제도宗費生制度를 마련하여 청년 승려의 교육을 적극 지원했다. 국내 유일의 인도철학과도 불교대학 내에 신설하여 산스크리스트어 해독 교육 등 교학 발전에 심혈을 기울이며 불교학 연구의 시야를 넓힐 수 있는 기초 학문의 토대를 마련했고, 정신건강을 참선으로 유지하고 부처님의 지혜를 체득할 수 있도록 자기완성의 수도장인 대학선원을 최초로 창설했다.

일제강점기부터 역경 사업에 지속적으로 관심을 기울였던 김법린은 광복 직후인 1945년 12월 해동 역경원을 창립한 후 종단의 3대 사업 중 하나였던 역경 사업을 추진하여 한글 사랑과 불교대중화를 위한 경전의 한글화를 목표로 대장경 번역을 시작했다. 또 문교부장관 시절에는 역경청을 설치하기 위해 초안까지 마련했으나 6.25전쟁으로 더 이상의 진행되지 못했던 점을 대단히 아쉬워했다. 이후 불교계를 대표하는 대석학들과 함께 경전의 한글화와 불교 대중화를 위해 불교계 최초로『우리말 팔만대장경』간행 작업에도 직접 참여했다. 그리고 그는 총장 취임 후 국가에서 추진하고 있는 '고전국역사업'의 지원을 받기 위해 1964년 7월 동국대학교 대학선원에 동국역경원을 설립하여 대장경의 한글화 작업을 지속할 수 있는 불교학 연구의 기반을 다지며, 전근대적인 틀에서 벗어나 근대적인 불교로 나아갈 수 있는 가교 역할을 했다.

진리의
정복자가 되라

1964년 김법린은 총장 취임한 후 첫 신입생을 맞는 환영사에서 "인간이 지구에 서식하면서 멀고 험한 길을 걸어오며 진리의 영역을 침범한 이래 많은 업적과 개가凱歌를 올렸지마는 아직도 우리 인간이 정복해야 할 진리의 세계란 실로 상상할 수 없을 정도로 무한대의 것이다. 대학은 노는 곳도 아니요, 간판을 주는 곳도 아니요, 더욱이 이력서를 장식시켜 주는 곳도 물론 아니다. 오로지 학문을 탁마琢磨하고 인격을 도야陶冶하며 진리 탐구에 매진하는 곳이다."라며 학생들에게 학문 탐구에 전력하여 '진리의 정복자가 되라.'고 당부했다.

김법린은 스스로 이를 실천하기 위해 총장에 취임한 후 하루 24시간이 모자랄 정도로 일하며 학교에 산적한 현안 과제들을 해결하기 위해 열정을 불태웠다. 그러나 그는 과로를 견디

도봉구 쌍문동 쌍문근린공원 내 김법린의 묘.

지 못하고 심장마비로 쓰러져 총장 취임 8개월 만인 1964년 3월 14일 향년 66세로 생을 마감했다. 평소 건강했던 그의 죽음은 누구도 예측하지 못할 정도로 너무나 갑작스러웠고, 많은 사람들이 안타까워했다. 평생의 스승 만해 보다 20살 연하였던 그는 묘하게도 만해가 세상을 떠난 지 20년 후 눈을 감았다.

    김법린의 장례는 동국대학교장으로 치러졌고, 김법린의 애제자라고 밝힌 강혜원은 추도사에서 "세상은 그의 일생이 성실하였기에 그를 신뢰했고, 유능했기에 그를 기대했으며, 몸 바쳐 겨레를 사랑하였기에 그를 존경한다."라며 그의 죽음을 애도했다. 김법린은 많은 사람이 그의 마지막 가는 길을 경건하게 배웅하는 가운데 서울시 도봉구 우이동에 잠들었다. 그리고 2년 후 동국대학교는 그의 묘에 비석을 세워 추모했다.

저자 후기

원고를 쓰면서 김법린의 장손 김태연씨를 만났다. 그는 할아버지에 대해 많은 이야기를 했고, 대단히 자랑스럽게 생각하고 있었다. 그의 이야기를 모두 담아내지 못해 아쉽지만, 기억에 남는 이야기로 글을 마무리하고자 한다.

김법린의 집안에는 〈상송결조 수월허금 霜松潔操 水月虛襟〉이라는 경구가 전한다. "서리와 소나무 같은 지조로 자신을 돌아보고, 물에 담긴 달처럼 마음을 비우고 타인을 대하라."는 뜻으로, "자신에게는 엄격하고, 남에게는 관대하라."는 의미다. 그리고 김법린은 "나하고 대립하는 사람들의 의견에 귀를 기울일 줄 알아야 한다. 라이벌을 포용하여 함께 일 할 수 있어야 큰일을 할 수 있다."고 강조했고, 스스로 평생 동안 자신에게 엄격하고 절제력 있게 살며 주변 사람들에게 관대했던 그는 주변에 적이 없었다.

그는 독립운동을 하며 혹독한 고초를 겪었지만, 생전에 본인의 업적에 전혀 관심이 없었다. 때문에 그와 관련한 개인적인 기록을 찾아보기 힘들다. 그리고 그가 세상을 떠날 때까지 서훈敍勳도 이루어지지 않았다. 친일을 하고서도 독립운동을 했다고 증거를 꾸며서 자기 공 내세우기 바쁜 사람들이 많았지만, 그는 묵묵하게 자신의 일에만 전념했다.

손자 김태연씨는 할머니로부터 들은 얘기를 전한다. "할머니가 할아버지에게 왜 그러냐고 여쮜보면 늘 그러셨대요. '집에 도둑이 들어서 도둑을 잡자고 다 같이 애쓴 것뿐인데, 뭘 그걸 가지고 야단 떠느냐'고." 그의 서훈이 이루어진 것은 그가 세상을 떠나고 31년이 지난 1995년이었다. 당시 그의 서훈이 이뤄지지 않은 점을 이상하게 여긴 한 동국대 소속 연구자의 신청으로 뒤늦게 서훈이 이루어진 것이다.

또 하나 기억에 남는 말이 있었다. "할아버지께서는 어쩌다 곡주穀酒를 하시면 '나비야 청산가자'와 '나비야'를 혼자 부르셨다고 합니다." '나비야 청산 가자'의 가사는 다음과 같다.

> 나비야 청산가자 호랑나비야 너도 가자
> 가다가 날 저물면은 꽃 속에서 자고 가자
> 꽃에서 푸대접커든 잎에서라도 자고 가자

조선 후기에 풍류를 즐기던 사람들 사이에서 유행하던 시조지만, 굳이 현대어로 풀이하지 않아도 될 정도로 그 속에 담긴 의미가 너무도 뚜렷하게 전달된다. 다만 차이가 있다면 여기서 청산은 이상향을 말하지만, 김법린이 꿈꾼 청산은 상상 속에 존재하는 유토피아가 아니었다.

그에게 청산은 일제강점기에는 민족의 독립이었고, 광복 후에는 번듯한 국가, 든든한 국가였다. 그리고 생전에 그가 "넓은 이 세상에는 갈 곳도 많고 또 갈 길도 허다하지만, 우리가 마땅히 가야만 할 참되고 바른 길을 찾아가기란 참으로 어려운 것이다."라고 말했듯이 청산은 인간이 추구해야할 진리이기도 했고, 그 길이 그리 가깝지 않고 때로는 푸대접을 받는 등 멀고 험해도 꼭 가야 하는 길이었다. 물론 혼자 가는 길이 아니라 사람들과 함께 가는 길이었다.

우리는 지금 청산에 와 있는 것일까? 아니면 어디쯤 와 있을까? 그리고 그는 나비가 되어 지금은 그 곳에 가 있는 것일까?

부록

김법린 연보
참고문헌

범산 김법린 연보

1899년 8월 23일(음력) 출생
1912년 경북 영천 신령공립보통학교 졸업
1913년 영천 은해사에서 양혼허를 은사로 공부
1914년 범어사 명정학교 입학
1916년 명정학교 졸업, 불교강원 사교과 입학
1917년 범어사 불교강원 졸업, 경성으로 유학하여 휘문의숙 입학
1918년 중앙학림 편입, 유심회와 교남嶠南 학우회 등 활동
1919년 3월 파고다공원 만세운동 참가, 동래장터 만세운동 주도
　　　　 4월 상해로 밀항하여 임시정부 활동
　　　　 9월 만주 안동현에서 국내와 연계하여 비밀통신 활동
1920년 3월 중국 진링대학 입학
　　　　 11월 프랑스 유학
1921년 1월 프랑스 플레르 시립고등학교 입학
1923년 11월 파리대학 문학부 철학과 입학
1926년 7월 파리대학 철학과 졸업
　　　　 11월 파리대학 대학원 입학, 근세철학 연구
1927년 2월 벨기에 브뤼셀 세계 피압박민족 반제국주의대회 참석

세계 반제국주의동맹 중앙집행위원 피선

12월 벨기에 룩셈부르크에서 열린 피압박민족 간부회의 참석

1928년 1월 프랑스에서 귀국, 중앙불교전문학교 교수 취임

9월 『불교』 학술부 담당

11월 조선불교 선교양종승려대회로 피검, 조선어사전편찬 준비위원

1929년 1월 조선불교선교양종승려대회 주도

3월 박덕순 여사와 결혼

11월 조선어사전편찬회 창립 발기인

1930년 8월 비밀결사 만당 결성

1931년 3월 조선불교청년동맹 결성, 재동경 위원장 당선

4월 일본 고마자와駒澤 대학으로 유학, 만당 동경지부 결성

1932년 3월 일본에서 귀국

7월 한용운과 『불교』 간행

1933년 8월 다솔사 불교전문강원 강사 취임

1935년 10월 해인사 불교전문강원 강사 겸 원장 취임

1937년 범어사 불교전문강원 강사 취임

1938년 만당 사건으로 3개월 복역

1942년 조선어학회 사건으로 수감

1945년 1월 징역 2년에 집행유예 4년 선고

8월 조선불교혁신준비위원회 조직

9월 조선불교전국승려대회 개최, 중앙종무원장 선임

12월 대한국민총신탁통치반대 국민총동원위원회 중앙위원 선임

1946년 12월 과도정부 관선 입법의원 선임

1947년 5월 통일정부 수립을 위한 북조선인민위원회 교섭 10인 위원에 선출

1948년 9월 동국대학교 이사장 취임

1949년 10월 조선어학회 사건 수난동지회 창립
1951년 1월 대한민국 교수단 발족식 참가
1952년 11월 제3대 문교부 장관 취임
1953년 1월 유네스코 한국위원회 초대 위원장 선임
1954년 5월 제3대 민의원 당선
      6월 제3기 국회 문교위원장 선출
1955년 3월 국회 문교위원장 당선
      6월 대한민국국사편찬위원 선임
1957년 5월 국민독서연맹 창립총회 회장 선임
      10월 제12차 유엔총회 한국대표로 참석
1958년 1월 독립기념사업위원회 위원 선임
      6월 서울신문사 사장 취임
      11월 유네스코 제10차 파리총회 한국 수석대표
1959년 1월 초대 원자력 원장 취임
      9월 제3차 비엔나 국제원자력기구 총회 한국 수석대표
1961년 4월 한국외국어대학교 외래교수 및 대학원 지도교수
      동국대학교 명예철학박사 학위 수여
1962년 7월 한국유네스코위원장 선임
1963년 5월 정계은퇴 선언
      7월 동국대학교 제4대 총장 취임
1964년 3월 14일 심장마비로 순직, 도봉구 우이동에 안장
1966년 3월 우이동 묘소에 묘비 제막식
1995년 국가보훈처로부터 독립장 추서
2012년 6월 국가보훈처와 독립기념관에서 이달의 독립운동가 선정

참고문헌

· 〈경향신문〉〈동아일보〉〈부산일보〉〈조선일보〉〈한국일보〉〈한겨레〉 外.
· 〈동대신문〉〈법보신문〉〈불교신문〉〈현대불교신문〉 外 .
· 『동국대 70년사』『동국대 100년사』『두산백과사전』『민족문화대백과사전』 外.
· 강대민, 「범어사 3·1운동의 재조명」, 『대각사상』 제14호, 2010.
· 강미자·한상길, 「김법린의 민족운동과 대중불교운동」, 『대각사상』 제14호, 2010.
· 권기현, 「김법린의 생애와 독립운동」, 『밀교학보』 7, 2005.
· 김광식, 「조선불교선교양종 승려대회의 개최와 성격」, 『한국근대불교사연구』, 1996.
· 「조선불교청년동맹과 만당」, 『한국근대불교사연구』, 1996.
· 「김법린과 피압박민족대회」, 『불교평론』, 2000.
· 「만해, 불교청년들을 단련시킨 용광로: 한용운과 김법린」, 『유심』, 2004.
· 김상현, 「한국불교 새 출발의 견인차」, 『한국사시민강좌』, 2008. 「김법린과 한국 근대불교」, 『한국불교학』, 2009.
· 김순석, 「범산 김법린의 학문과 사상-일제강점기 저술을 중심으로」,

『한국불교사연구』, 2018.

· 김영태, 「불교개혁론 서설」, 『창작과 비평』, 1976. 여름.

· 김진섭, 『일제강점기 입학시험 풍경』, 지성사, 2021.

· 김진흠, 「1956~1957년 자유당 내각책임제 개헌 시도의 정치적 의미」, 『통일인문학』, 2018.

· 박용규, 『조선어학회 33인』, 역사공간, 2014.

· 부산광역시 편, 『20세기 부산을 빛낸 인물』 1. 김법린, 2002.

· 송진모, 「日帝下 金法麟의 佛敎革新論과 梵魚寺」, 부경대학교 석사학위논문, 2007.

· 이경순, 「일제시대 불교 유학생의 동향」, 『승가교육』 2, 1998.

· 심국보, 「호호망망 넓은천지 일신으로 비껴서서;고루 이극로」, 『新人間』 4월호, 2019.

· 이병헌, 「3.1운동비사」, 시사시보사편집국, 1959.

· 이봉춘, 「범산 김법린의 사상과 활동」, 『한국불교학회』 53, 2009.

· 이용조, 「한국불교항일투쟁회고록-내가 아는 만자당 사건」, 『대한불교』 55, 1964.

· 정근모, 『기적을 만든 나라의 과학자』, 코리아닷컴, 2020.

· 정광호, 『한국불교최근백년사편년』, 인하대 출판부, 1999.

· 조명제, 「근대불교의 지향과 굴절」, 『불교학연구』 13, 2006.

· 조준희, 「김법린의 민족의식 형성과 실천-1927년 브뤼셀 연설을 중심으로」, 『한국불교학회』, 2009.

· 채상식, 「한말, 일제시기 梵魚寺의 사회운동」, 『한국문화연구』 4, 1991.

사진 및 이미지 출처

1장 – 30세 청년의 귀국을 주목하다
· 1920년대 은해사 전경 : 불교신문
· 1914년 사립명정학교 졸업식 : 부산 청룡초등학교
· 범어사 지방학림 명정학교 만세운동 참가자 명부 : 국가기록원

2장 – 경성에서 다시 상해로
· 3.1운동 당시 유심사 터 : 서울로컬뉴스
· 범어사 3.1운동 102주년 기념행사 : 불교신문
· 1910년대 동래장터 : 불교신문
· 범어사 전경도에 그려져있는 명정학교 : 범어사 성보박물관
· 불교계 항일운동 역사자료집 4종 : 불교신문
· 일제강점기 스님들은 그 누구보다도 앞장섰다 : 불교신문

· 진관사 태극기 : 동아일보
· 대한민국임시정부 사료집 : 문화재청 국가문화유산포털

3장 – 파리에서 새로운 도전을 하다
파리 유학시절 김법린 : 부산박물관
파리대학 학적부 : 조준희 국학인물연구소장

4장 – 국제무대에 서다
· 〈한국의 문제〉 표지 : 독립기념관
· 김법린 귀국 소식 실린 조선일보 : 조선뉴스 라이브러리

5장 학문 연구와 실천을 병행하다
· 일제강점기 불교잡집 『불교』 : 불교신문

6장-새로운 대안을 모색하다
· 자리를 함께한 '만당' 멤버 :
  조선닷컴
· 다솔사 전경 : 다솔사 홈페이지
· 백산상회 : 독립기념관

7장-때를 기다리며 교육에 힘쓰다
· 범어사 불교전문강원 제16회
  졸업기념 : 명정박물관
· 조선어학회사건 수난자동지회 :
  공훈전자사료관

8장-다시 투옥되어 모진 고문을 당하다
· 조선어학회 원고 : 대한민국역사
  박물관
· 1942년 흥남비료공장 : 일요신문

9장-범어사에서 광복을 맞다
· 1945년 신탁통치 반대시위 :
  서울신문DB

10장-책임정치를 실천하다
· 1950년대 천막교실·노천 수업 :
  부경근현대사료연구소
· 원자력연구소 개소식 : 중앙일보
  포토

11장-마지막 열정을 불태우다
· 김법린의 묘 : daum블로그
  '하늘나그네'님

지은이 · 김진섭

용산고·동국대학교 사학과를 졸업하고 같은 대학 영상대학원
문화콘텐츠학과에서 문화예술학 박사학위를 받았다.
경실련 간사·'99강원국제관광엑스포 전문위원·강원인재육성재단
사무처장·한국미디어콘텐츠학회 이사와 춘천교육대학교
겸임교수·동국대학교 만해마을 교육원 교수를 지냈고,
춘천교육대학교·인천대학교에 출강했다. 현재 동국대학교에 출강하며
우리 역사와 문화를 주제로 강의와 교양서 집필활동을 하고 있다.
저서로는 『조선건국기 재상열전』·『조선의 아침을 꿈꾸던 사람들』·『이야기
우리문화』·『신화는 두껍다』·『왕비, 궁궐 담장을 넘다』·『정도전의 시대를
읽다』·『근대사와 입학시험 풍경』 등이 있으며, 논문으로 「리얼버라이어티
쇼의 확장성과 전통연희에 대한 소고:2006 무한도전 등장 이후를
중심으로」,「리얼버라이어티 쇼에 내재된 동시대인의 일상연구」 등이 있다.
그리고 「김치의 혁명을 몰고 온 고추」,「우산, 근대와 전근대가 만나다」 등이
고등학교 교과서에 실려 있다.

'이 사람을 보라' 간행위원회

증명 — 성우
고문 — 성월, 돈관
간행위원장 — 윤성이, 박대신

간행위원 —
이영경, 채석래, 종호, 곽채기, 김관규
문선배, 임선기, 최대식, 윤재민, 조충미
박정오
김종윤, 김양수
윤재웅, 이계홍, 유권준, 신홍래, 신관호
이용범, 신미숙, 박기련, 지정학, 김애주
김성우, 김창현, 김정은

이 사람을 보라
나비야 청산가자, 김법린

2022년 5월 6일 1쇄 발행
2023년 3월 6일 2쇄 발행

글쓴이 — 김진섭
발행인 — 박기련
발행처 — 학교법인 동국대학교 출판문화원

출판등록 — 제2020-000110호(2020.7.9)
주소 — 04626 서울시 중구 퇴계로36길2 신관1층 105호
전화 — 02-2264-4714
팩스 — 02-2268-7851

Homepage — http://dgpress.dongguk.edu
E-mail — abook@jeongjincorp.com

디자인 — 씨디자인
인쇄 — 신도

ISBN 979-11-91670-29-5 03810
값 12,000원

이 책의 무단 전재나 복제 행위는
저작권법 제98조에 따라 처벌받게 됩니다.